AQUARIUS

AQUARIUS

AQUARIUS

AQUARIUS

Vision

一些人物，
一些視野，
一些觀點，
與一個全新的遠景！

媽抖

91歲的台灣第一潮嬤林莊月里

林莊月里（月月）著

目錄

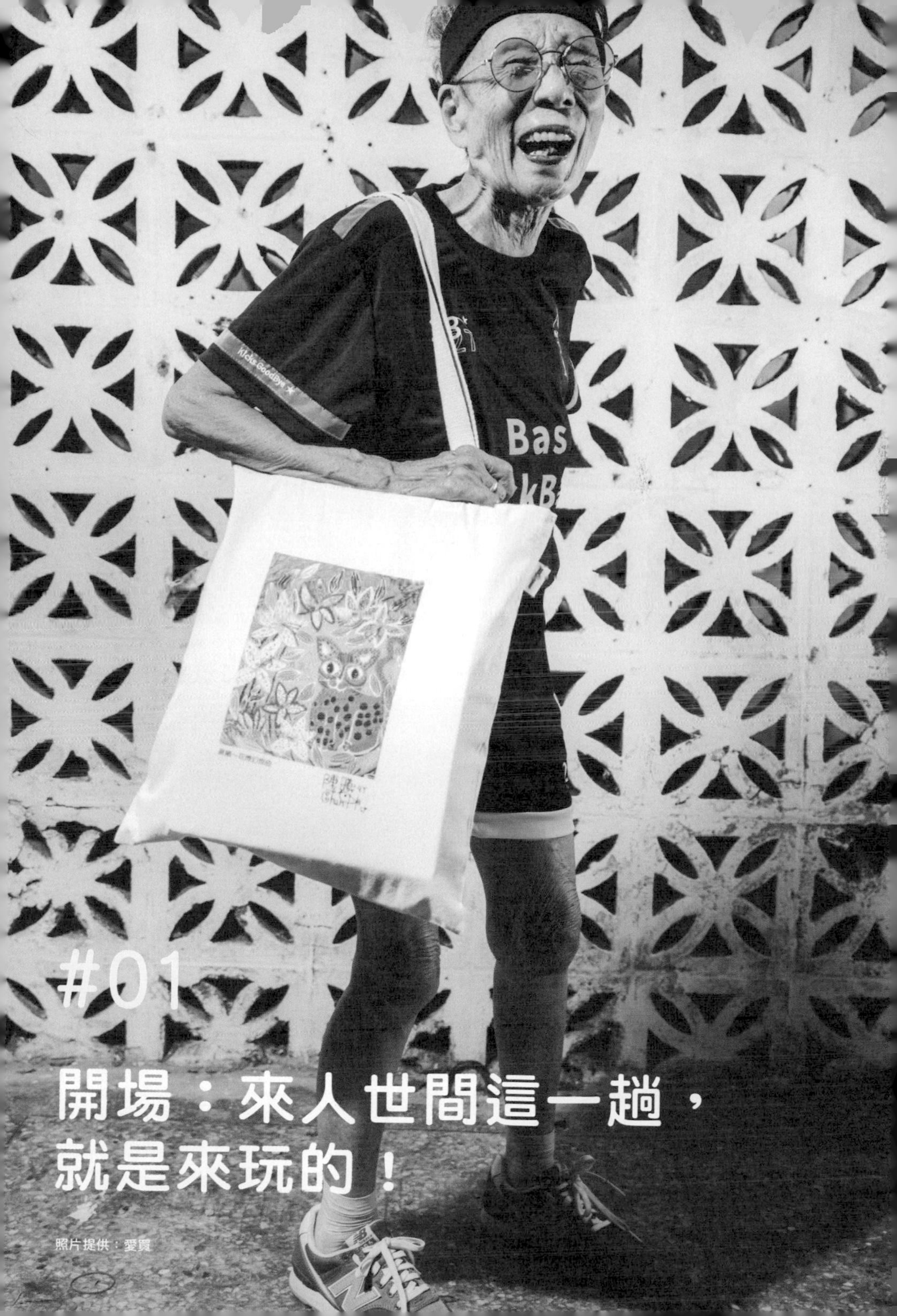

#01

開場：來人世間這一趟，就是來玩的！

照片提供：愛買

九十歲那年，月月成為台灣最老「媽抖」，成為各潮牌爭相邀請的廣告明星！

我是月月，是IG、FB、媒體和廣告中的月光仙子！

過去你們從IG和FB看到我跟孫子一起探索潮牌的穿搭日記，日記中我將舊衣服跟潮牌混搭，不管是Supreme、BAPE、Converse、NIKE、ALT、Y-3、VLONE、FR2……將傳統和潮流元素融合之後，各式各樣的服飾都被我穿出新高度，更讓大家發現原來潮牌不是只有年輕人能穿，各個年齡層的人都可以將潮牌穿成自己的獨特風格。

最讓月月驚喜的是，我每天在家玩穿搭玩得不亦樂乎，這些樂趣和喜悅，不只是在台灣的你們感受到，還讓全世界看見了。

人們說從月月身上能看到潮流真理：隨心所欲駕馭潮牌，而不是被潮牌穿，才是真正的潮！

人們更說月月是台灣潮嬤。在九十歲那年，月月成為台灣最老「媽抖」，成為各潮牌爭相邀請的廣告明星！

活到九十多歲的月月，大大翻轉了自己的人生。

沒想到，從小跟著阿爸在甘蔗田裡做工的我，人生也如倒吃甘蔗般，愈到年老愈香甜。

人生就像玩遊戲，要克服一關又一關，沒到後面關頭不知道會有什麼樣的終極任務等著自己。

而等待月月的終極任務，就是：為自己而活。

TOTAL
adidas

回顧我的一生——

二十歲之前的月月，扛起家中長女的重擔，每日總是跟著阿爸和阿嬤四處打零工，賺取那只能讓一家十幾口勉強溫飽的微薄收入。連年的戰事更讓月月從不識青春與夢想的滋味。

二十歲之後的月月嫁入商販人家，一邊幫頭家（老公）照顧生意，一邊生兒育女，從透早忙到深夜，日復一日，幾乎沒有喘口氣的時間。月月只懂得為家人而活，從沒想過自己到底想過什麼樣的生活。

五十歲之後的月月，含淚告別胼手胝足幾十

照片提供：台灣賓士／攝影師翁偉中（freefox Photo）

年、好不容易建立起的家業，收拾行李，來到人生地不熟的台北。已近花甲之年，竟還得一切從頭來過。

七十歲之後的月月，送相伴五十多年的頭家離開人世。夫妻之間的恩恩怨怨，隨著頭家忘卻的記憶而消逝……

被留下的月月成為自立自強的老人，用過去開雜貨店時磨練出來的銷售技巧，拉著菜籃車跑遍台北地區各大市場賣菜瓜布，直到八十八歲……

八十八歲，月月「被退休」。明明雙腿還很勇健，只是眼睛漸漸不行，

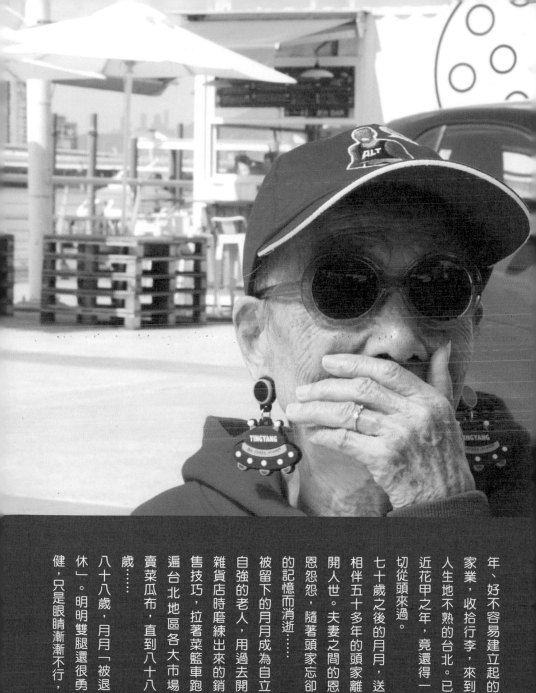

因為，九十一歲的我還很年輕！

但為了不讓兒孫擔心，月月不再穿梭在台北大街小巷之間。

可是退休在家的月月，心還是不服老——「我還想做事，我還有力氣做事」……此時孫子帶我走進潮牌的世界，月月在這世界裡優遊，還得到「媽抖」這個新工作。

月月是這麼想的：在活過九十歲之後還能成就一番事業，是因為我領悟到——來人世間這一趟就應該好好玩，想做什麼事，盡情去做，不要到了閉眼前，才後悔此生沒好好過。

這種將年紀拋到腦後，突破世俗與身體局限的精神，打動了比我年輕的你們。（只要是年紀比我小的，就都是年輕人。因為，九十一歲的我還很年輕！）

現在的月月正在享受「做自己」的樂趣！

我不再為兒孫瞎操心，因為兒孫自有兒孫福。

我照樣拉著用了幾十年的菜籃車上菜市場，但如今菜市場除了是我的瞎拼mall，還是我的伸展台。

月月現在一早起床最開心的事，是打開衣櫥想著今天要穿什麼——

原來 oversize 帽T跟我的亮片繡花鞋好搭。

平常戴去逛菜市場的遮陽草帽，可以搭上可愛的手工耳環。

穿上買了幾十年的菜市場牌花襯衫，再套上破牛仔褲，就可以去公園跟老朋友約會。

跟孫子孫女看籃球轉播，當然要穿著「三夾之內皆是空檔」T恤，老少一起大聲加油吶喊。

而月月之所以樂於將潮牌穿上身，是因為這些由世界各地年輕人所設計的服

只要是年紀比我小的，
就都是年輕人。

照片提供：RK

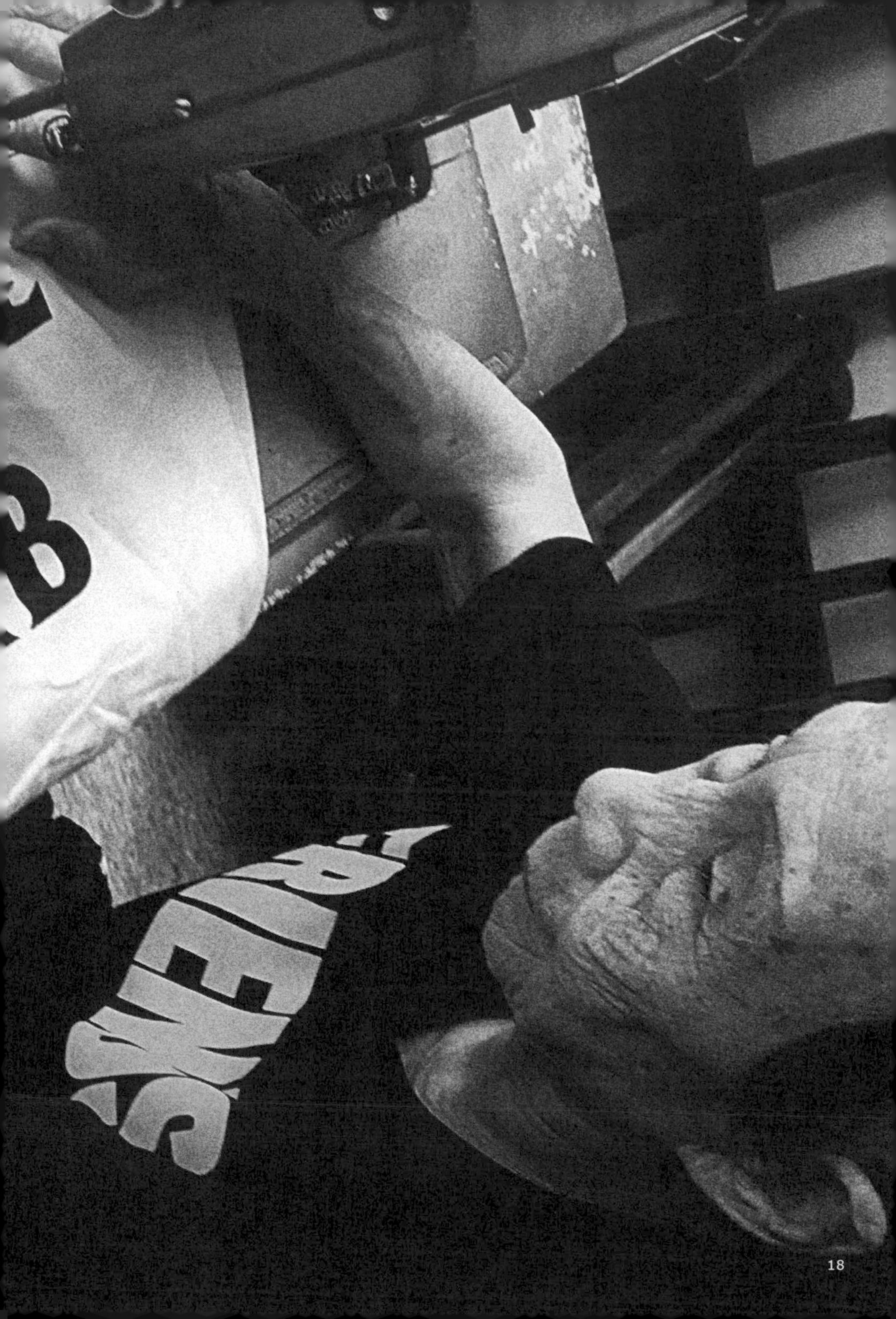

飾，充滿了生命力。

月月特別欣賞這些年輕人的創業精神與創造力，他們不自我設限，勇於將自己對社會以及時尚的觀察，用創意展現在服飾與品牌精神中。

所以潮牌並不只是流行而已，它代表的是「態度」，而這種態度，放在任何年紀的人身上都不會顯得突兀，因為「態度」本來就能跨越時代、性別和國界啊！

那麼月月現在的「態度」是什麼呢？沒有規則，隨心所欲；沒有不可以，只有很可以。

拍FR2街拍照時，攝影師問我：「阿嬤會不會忌諱穿殭屍裝？」我說：「百無禁忌，當然可

照片提供：台灣賓士／攝影師翁偉中（freefox Photo）

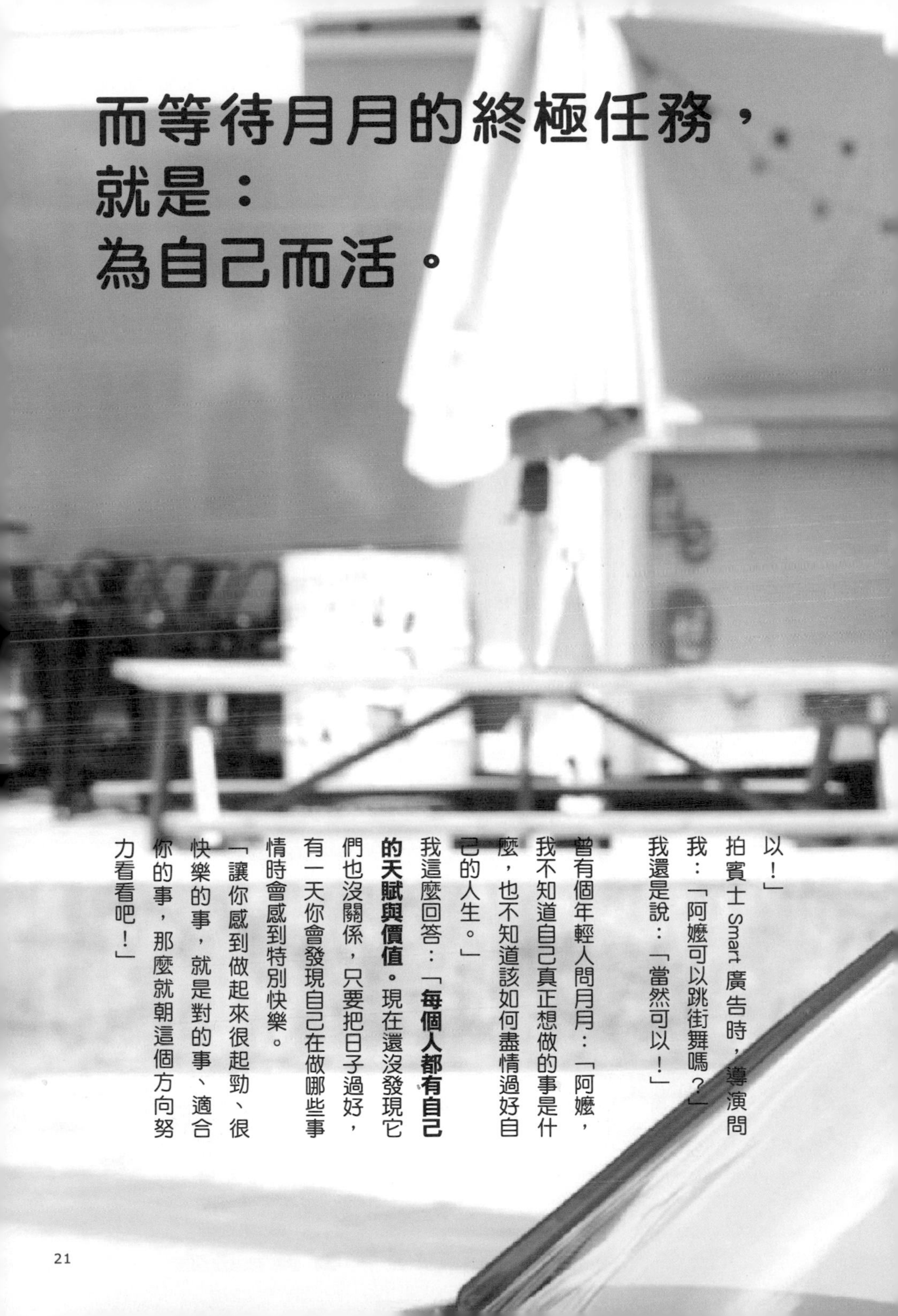

而等待月月的終極任務，就是：為自己而活。

以！」

拍賓士 Smart 廣告時，導演問我：「阿嬤可以跳街舞嗎？」

我還是說：「當然可以！」

曾有個年輕人問月月：「阿嬤，我不知道自己真正想做的事是什麼，也不知道該如何盡情過好自己的人生。」

我這麼回答：「**每個人都有自己的天賦與價值**。現在還沒發現它們也沒關係，只要把日子過好，有一天你會發現自己在做哪些事情時會感到特別快樂。

「讓你感到做起來很起勁、很快樂的事，就是對的事、適合你的事，那麼就朝這個方向努力看看吧！」

如今月月懂得欣賞自己，懂得隨心所欲，但在這之前，也曾經歷一段漫長的自我壓抑。在那艱苦時代的生活壓力下，似乎人人都被困住了，月月也身不由己。

接下來，月月想說我的故事給你聽。看著我所走過的路，你會懂月月現在為何能在人生伸展台上盡情展現自己，不設限，更無所畏懼。

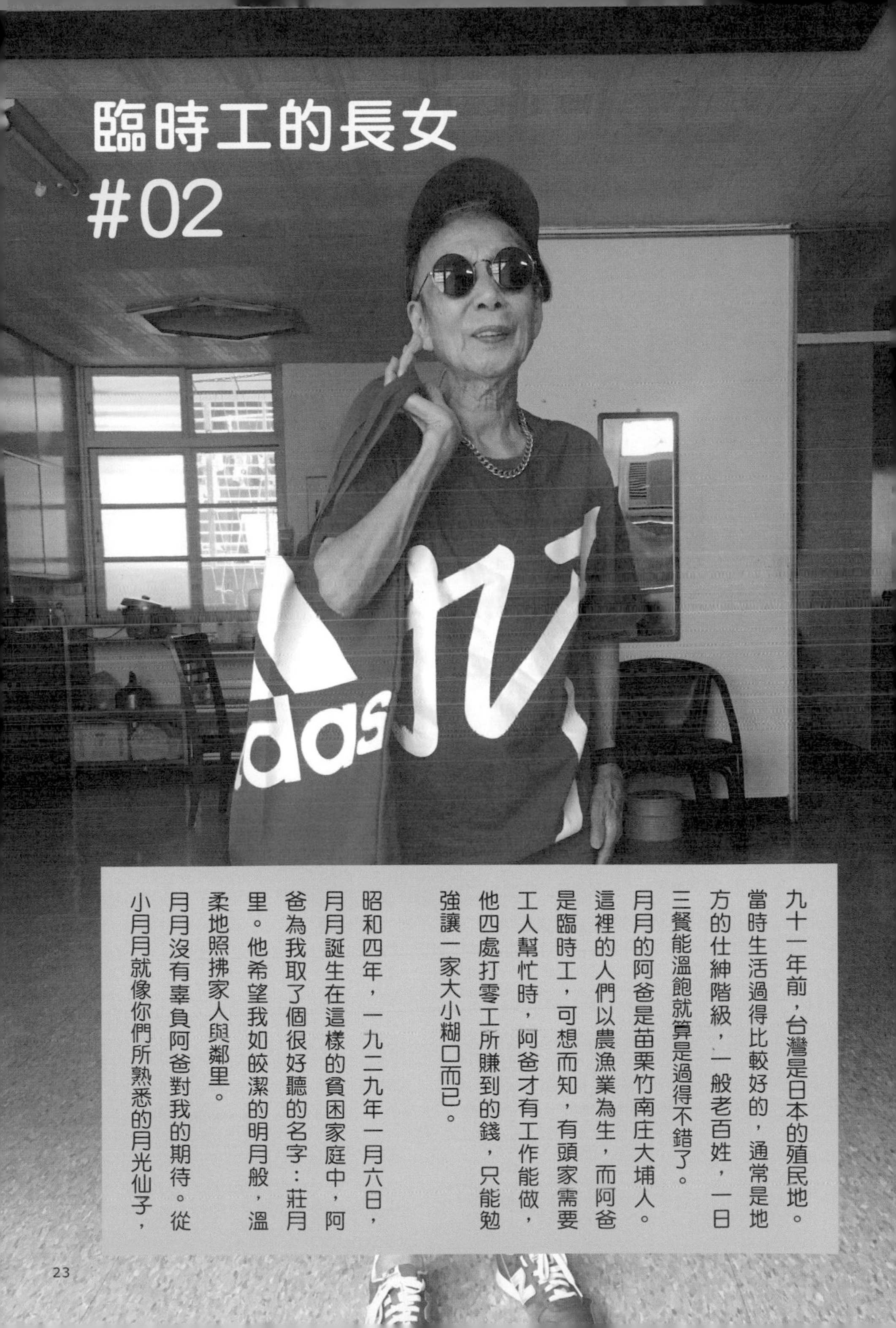

臨時工的長女
#02

九十一年前，台灣是日本的殖民地。當時生活過得比較好的，通常是地方的仕紳階級，一般老百姓，一日三餐能溫飽就算是過得不錯了。

月月的阿爸是苗栗竹南庄大埔人。這裡的人們以農漁業為生，而阿爸是臨時工，可想而知，有頭家需要工人幫忙時，阿爸才有工作能做，他四處打零工所賺到的錢，只能勉強讓一家大小糊口而已。

昭和四年，一九二九年一月六日，月月誕生在這樣的貧困家庭中，阿爸為我取了個很好聽的名字：莊月里。他希望我如皎潔的明月般，溫柔地照拂家人與鄰里。

月月沒有辜負阿爸對我的期待。從小月月就像你們所熟悉的月光仙子，

為了保護心愛的家人而散發出無比強大的力量。

為了保護心愛的家人而散發出無比強大的力量。

沒想到如今，月月的力量更透過社群網路，傳播到各地去照亮許許多多年輕人的心，帶給他們鼓勵。

月月是阿爸和阿母的第一個孩子，接下來四個弟弟和五個妹妹陸續出生……連同阿公與阿嬤，月月家是十四口的大家庭。

一張張嗷嗷待哺的嘴，光靠阿爸打零工和阿母做手工，愈來愈難撐下去。

記憶中，小時候家裡的餐桌上，常常只有摻了一點點米的地瓜或南瓜稀飯，簡單配點菜脯蔭瓜，唏哩呼嚕吞下肚就算是解決了一餐。

一出生就背負著阿爸交代的月光仙子任務，我使盡全力，從很小就開始幫忙照顧弟弟妹妹。

我多麼希望我的家人都能聚在一起，永遠不離散。

但十個孩子的家庭，對阿爸阿母來說實在是太沉重的擔子，在莫可奈何之下，我只能眼睜睜看著三妹、四妹和五妹，一個接著一個被送到別的家庭去。老天爺可能覺得這樣還不夠，我的一個弟弟在不久後，也被病魔帶走……

弟弟妹妹的離開，儘管月月非常傷心，也不讓阿爸和阿母看到我的眼淚。

在那個年代，養不大孩子，養不起孩子而送給別人養，都是稀鬆平常的事啊。

月月喜歡和大人們一起做工的時光。

阿爸為了養家，工作非常勤奮，只要哪個頭家需要臨時工幫忙割稻子或照顧田地，阿爸總是跑第一去報到。而手巧的阿母和阿嬤，則在家裡製作麻線貼補家用。

製作麻線的工序不少，如果做得不好被工廠拒收，那可是會大大影響家中生計，因此每一道過程都不能馬虎。

麻線的原料是麻仔（麻草），阿爸會一大早就上山割麻仔，把麻仔束成一大捆之後，再揹在背上一步步帶回家。

割回家的麻仔，要先在地上鋪散開來，用天然日頭把麻仔連莖帶葉晒到乾透。必須經過這道工序，接下來才能抽取出一絲絲的細纖維。

在抽取纖維前，阿母和阿嬤會先將乾麻仔浸在水裡泡軟，取出一絲又一絲的纖維後，接著用雙手將一縷縷絲線搓成堅韌的麻線。

手還太小的我，沒辦法幫上忙，只能在一旁看著阿母和阿嬤做這細膩又辛苦的粗活。

麻線是織成麻袋和繩索的原料，當搓好的麻線裝滿一個又一個竹簍，月月的阿公便用手推車一口氣載去賣給工廠。

由於日復一日搓麻線，阿母和阿嬤雙手的掌心都磨出厚厚的繭，每當我的手被她們厚實的雙掌握住時，月月都覺得好溫暖、好安全。

除了做麻線，阿母和阿嬤還會編織草笠仔（草帽）貼補家用。編草笠仔的話，我就能幫忙了！不到七歲的我，最拿手的是編織帽緣。月月手雖小，手指頭卻很靈巧，牢記編織的順序後，跟阿母與阿嬤一起做，一頂草帽不需要太久時間就能完成。

月月喜歡和大人們一起做工的時光。

一邊專心做著手上的活，一邊聽大人們東家長西家短，彷彿參與了大人的生活，更覺得自己是個能被人信賴的可靠孩子。

月月想要快點長大，能趕快獨當一面，為阿爸、阿母，還有我最敬愛的阿嬤分憂解勞。只要我成為家中的勞動力，弟弟妹妹也能過上比較好的生活。

我總是在夜裡祈求歲月能走快一點，如果吃一年的飯就能長兩歲，只要再過兩、三年，不管是上山割麻仔還是搓麻線，什麼我都能做。

#03

囡仔工

一九三七年，月月八歲，到了該進國民學校的年紀。

可是這一年，村里的「大人」（警察）說：「現在是非常時期，我們要做戰時的準備。」

月月雖小，但能夠感受到街頭巷尾彌漫著不尋常的氣氛，大人們交頭接耳不知在討論些什麼，臉上都掛著擔憂。

有什麼可怕的事要發生？月月不敢亂想。難道現在還不夠辛苦？

而這一年，阿爸開始帶著我去甘蔗田裡打零工。去上學這件事，月月根本不敢奢望啊。

竹南家境比較好的孩子可以進國民學校。每當月月走在鎮上，看到背著書包、跟我年齡相仿的孩子時，就會有種又自卑又欣羨的感覺。月月這時候總是用力甩掉頭中的壞念頭，很快地跑開。

有上學的孩子，他們會用日語交談。對月月來說，他們彷彿是另外一個國度的人、是天皇真正的子民。月月跟家裡的大人們只會說台語，漢字也都認不得幾個。

直到現在，月月所有懂得的中文字都是靠自學，國語也是。日治時代結束之後，大夥不能再說日語，必須學習說國語。靠著摸索，如今月月能聽懂國語，也能用國語跟人交談幾句。

八歲的月月正式成為家中的勞動力一員，去甘蔗田裡做囡仔工。

甘蔗田的囡仔工要做什麼呢？台灣農林的頭家們，需要臨時工幫忙割掉甘蔗田裡的雜草，但用來

帶著我去甘蔗田裡打零工。

這一年 阿爸開始

我咬緊牙關不哭出聲……這些苦大人們都吃過，怎麼能讓他們知道我哭？

割雜草的鐮刀，對年紀還小的我來說非常沉重，就連拿起來都有問題，我只能跟在阿爸的身後當個小助手。當阿爸割下雜草後，便趕緊跑去把一束又一束草撿起來，放到蔗田旁邊。

蔗田裡的雜草邊緣銳利，當我抱著雜草時，兩條手臂內側的細嫩皮膚往往會被割傷，工作一整天下來，手臂上總是滿布割痕，一道又一道，或深或

愛
愛

淺。就算穿的是長袖，那銳利也能劃破布料，朝皮膚襲來。

晚上回家用水清理身體，傷口一碰到水，兩條手臂刺痛得讓我難以忍受，眼淚撲簌簌一滴滴往下掉，但我咬緊牙關不哭出聲……這些苦，大人們都吃過，怎麼能讓他們知道我哭？

第二天照樣跟著阿爸上工。舊傷未癒，新傷又來，兩條手臂的皮膚從來沒有完好的一天……每日每夜，感受著疼痛。

我是吃苦長大的孩子，所有的常識與知識都從疼痛又匱乏的生活中學來。正因為吃過太多苦，月月現在非常惜物與惜福。每當我想起小時候的自己，什麼都不能擁有，就對現在所擁有的一切，感到好滿足、好幸福。

正因為吃過太多苦，
月月現在非常惜物與惜福。

牽罟少女

#04

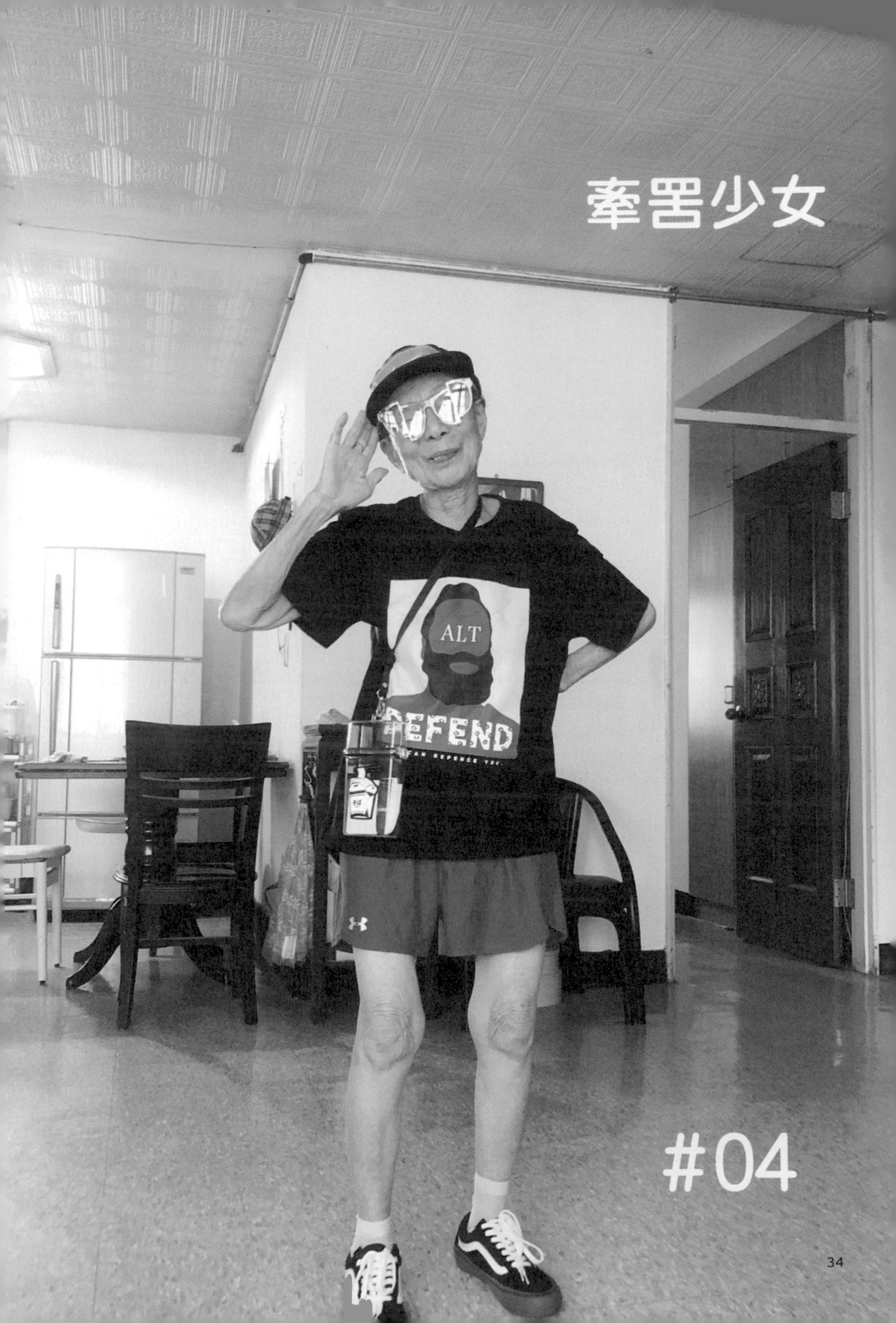

原本以為去甘蔗田做囡仔工已經夠辛苦，沒想到更苦的還在後頭。

從小營養不良，月月個子不高，成年後也只有一百五十公分不到。童年時的月月又瘦又小，穿梭在甘蔗田的田埂間還算遊刃有餘，到了滿十歲那年，阿嬤覺得月月已經「夠大」了，打算帶著月月去海邊跟其他大人一起「牽罟」。

牽罟除了能賺錢，又能分到小魚，有賺又有拿，對生計幫助很大。

月月已是家中重要的勞動力之一，阿嬤一聲令下，月月哪敢不從呢！

「阿月，透早起床，嘎阿嬤鬥陣來去海邊仔。」

從竹南大埔的家到海邊，要走一個多小時的路。要趕上牽罟，必須在日頭一露臉時就起床。

「牽罟」是台灣傳統的捕魚方法，先撒網，再用人力以團隊合作的方式，將在岸邊洄游的魚群拖拉上岸。

牽罟前，船頭家會將魚網的兩側固定在岸邊，先判斷魚群洄游的位置，再將船開出去撒網。

將魚群團團圍住之後，由岸邊的人們合力將魚群拉上岸。

魚網、魚群，再加上海水的阻力，重量往往有五百公斤以上，因此牽罟是需要相當多人力一起完成的工作。

放眼望去，來做工的都是大人，

「阿月，透早起床，嘎阿嬤鬥陣來去海邊仔。」

照片提供：RK

「必須要大豐收啊！」所有人心裡都這麼想著。

只有我是囡仔。

當大魚入網後，船頭家一聲令下，所有工人便會扛起魚網，把魚群往岸上拖。個子小、力氣也小的我沒辦法扛起魚網，只能跟在阿嬷的身後扛繩子。十幾個人按照頭家的指令，一起使盡全身的力氣，拖動好幾百公斤的魚網。

一步又一步往岸上拉，我們拖動的是這一天的希望。

「必須要大豐收啊！」所有人心裡都這麼想著。

牽罟拉上來的魚群，船頭家會挑出大魚拿去市場賣，剩下的小魚就分給工人們。漁獲量多的時候，一個工人能分到兩、三個飯碗的小魚，漁獲量少時，就只能分到一點點。

如果當天海象不佳，可能連一尾小魚也分不到。

月月最喜歡的人就是阿嬤了，只要她願意帶著我，不管多麼辛苦，上山下海我都願意去。

分不到小魚，就不能幫晚上的餐桌加菜了。

第一批魚拉上岸之後，往往是上午十點多，這時船頭家會派兩名工人回村裡打飯。負責打飯的工人走回村子，在竹簍裡裝滿飯菜，再用扁擔扛回海邊。中午時，大夥就坐在海邊各自散開來吃飯。領到飯菜，月月和阿嬤便在海邊找個角落坐下來，一邊吹海風，一邊野餐。這是一天當中唯一能放鬆的時刻。除了能有餘暇欣賞海景，月月非常珍惜這段能與阿嬤單獨用餐的時光。

阿嬤對月月雖然嚴格，但在孫子孫女之中，她往往只帶著我四處走。有時候帶我回她的娘家，有時候帶著我去新竹城隍廟附近找親戚。

月月最喜歡的人就是阿嬤了，只要她願意帶著我，不管多麼辛苦，上山下海我

照片提供：愛買

活動快訊請參閱FB(振華社
暨全體
會員大會貴賓雲集
臺北市北投區振
第二屆第三次

TINGYANG
TINGYANG
Small World
Carrefour KIDS
WWW.TINGTINGYANG.COM

我們敬拜能夠填飽肚子的一切事物。

都願意去。

牽罟並不限於白天，每年到了農曆八、九月，晚上也得去牽罟。一片漆黑的海邊，船頭家往往只點上幾盞油燈。隨著海風搖晃，燈光忽明忽暗，我常常看不清楚阿嬷的臉，對還是孩子的我來說，那真是可怕極了，但硬著頭皮還是得做。

在黑暗海水中，洄游著預備產卵、油脂肥美的大魚，牠們是我們這些工人賴以為生的養分。對於靠海吃飯的人們來說，海洋就是給予生命養分的母親。在黑夜中拉動魚網緩緩行進，遠遠看來，彷彿就像是在對海洋進行某種敬拜儀式啊。

不只敬拜祖先、敬拜天地，我們敬拜能夠填飽肚子的一切事物。

#05

牛寮是我們的獨立天地，大自然是我們的遊樂場

戰爭一打就是好幾年。

原本聽大人說，皇軍很快就能凱旋而歸，沒想到這場戰爭陷入膠著。竹南鎮上的壯丁陸陸續續被徵召，留下老弱婦孺耕作捕魚，生活一天比一天難過。

住得更偏遠的阿舅一家人，聽說已經餓到前胸貼後背，為了生計，他們全家打算來竹南投靠我們。

老天爺啊，我們也只比他們過得好一點點吶。

我們一家十口，原本就擠在小小的土角厝裡，依偎著過活。

土角厝不是磚造的，而是用有黏性的土加入米糠或稻稈混合而成泥漿，再用板模夯製成土塊堆疊建造，屋頂簡單用茅

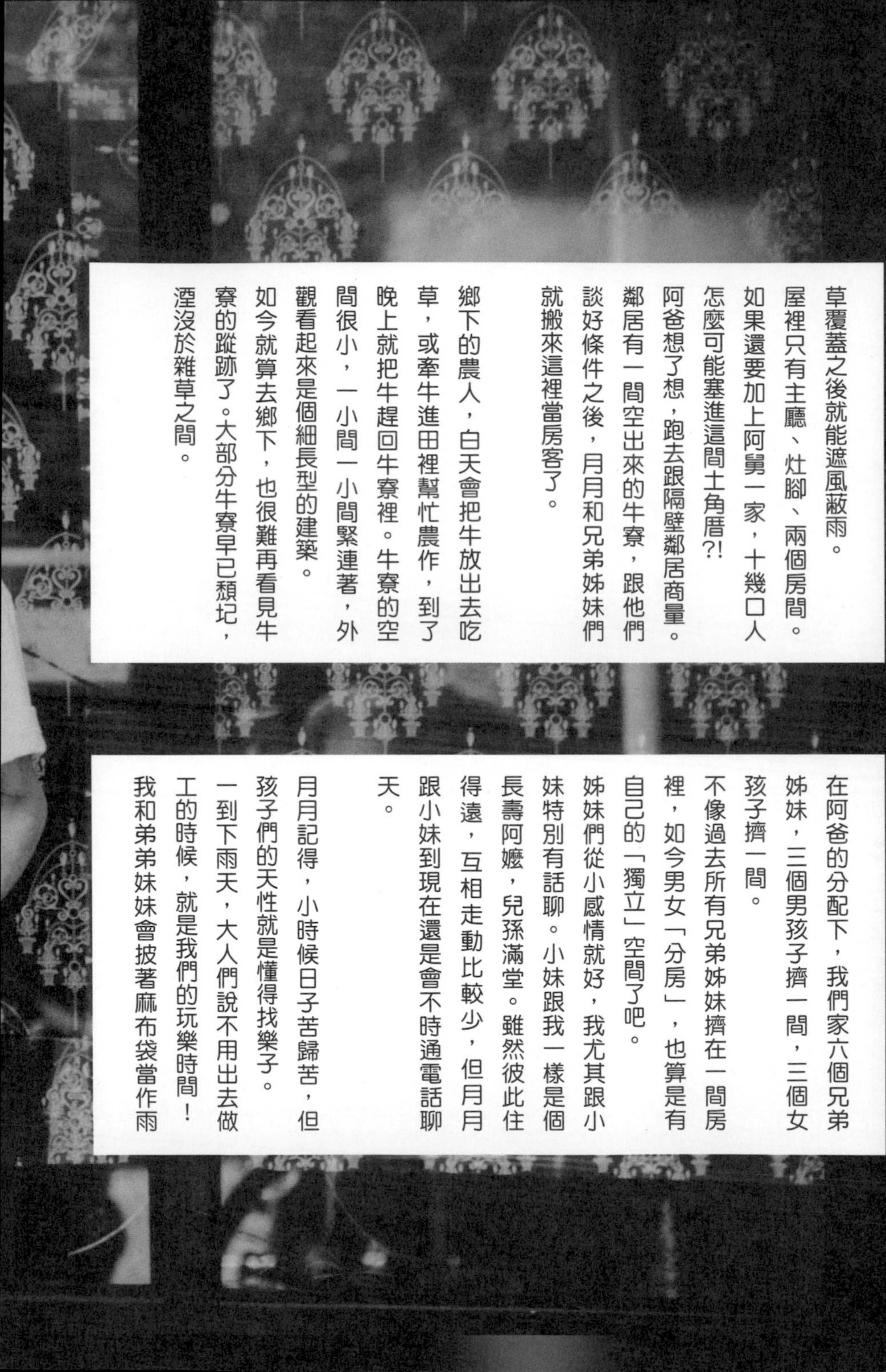

草覆蓋之後就能遮風蔽雨。屋裡只有主廳、灶腳、兩個房間。如果還要加上阿舅一家，十幾口人怎麼可能塞進這間土角厝?!阿爸想了想，跑去跟隔壁鄰居商量。鄰居有一間空出來的牛寮，跟他們談好條件之後，月月和兄弟姊妹們就搬來這裡當房客了。

鄉下的農人，白天會把牛放出去吃草，或牽牛進田裡幫忙農作，到了晚上就把牛趕回牛寮裡。牛寮的空間很小，一小間一小間緊連著，外觀看起來是個細長型的建築。如今就算去鄉下，也很難再看見牛寮的蹤跡了。大部分牛寮早已頹圮，湮沒於雜草之間。

在阿爸的分配下，我們家六個兄弟姊妹，三個男孩子擠一間，三個女孩子擠一間。不像過去所有兄弟姊妹擠在一間房裡，如今男女「分房」，也算是有自己的「獨立」空間了吧。姊妹們從小感情就好，我尤其跟小妹特別有話聊。小妹跟我一樣是個長壽阿嬤，兒孫滿堂。雖然彼此住得遠，互相走動比較少，但月月跟小妹到現在還是會不時通電話聊天。

月月記得，小時候日子苦歸苦，但孩子們的天性就是懂得找樂子。一到下雨天，大人們說不用出去做工的時候，就是我們的玩樂時間！我和弟弟妹妹會披著麻布袋當作雨

照片提供：hypebeast

衣，跑去撿散落在農田裡的地瓜和落花生，或是去稻田裡撿農夫收割後遺落的稻穗。

把稻穗集合起來，還能再拍打出不少米粒，至於地瓜和落花生，就拿來「控窯」吧。

在泥地挖個洞，再堆疊土塊或石塊，土窯大功告成。把土窯燒熱後丟進地瓜和花生埋起來，耐心等候地瓜和花生變得軟綿綿即可。幾十分鐘後，迫不及待把地瓜和花生撈出來，趁熱剝開來吃……花生香，地瓜甜，這對我們來說就是最美味的零食！

有時候我和弟弟妹妹會跑得遠一點，去海邊捕撈沙尾仔（沙鮻）。

沙尾仔是種很膽小的魚類。每當海水退潮時，沙尾仔會從沙灘上鑽出頭來，但一受到驚嚇就會立刻縮回沙裡去。因此捉沙尾仔必須眼明手快，但這一點也難不倒我們。從小跟沙尾仔比快，只見我們七手八腳，咻咻咻地把沙尾仔捕撈進竹簍裡，當天晚上就能加菜了。

回家後，月月會用鹽來醃漬沙尾仔，等醃到入味之後，便能上桌。

平常吃地瓜稀飯配的總是蔭瓜和菜脯，家人們期待著月月的拿手菜醃漬沙尾仔，看到家人們吃得香香的，月月就算餓肚子也好滿足。

直到現在，月月還是熱愛做菜給家人品嘗，從小磨練出來的廚藝餵飽了兒女，現在則是收服了孫子孫女們的胃！

花生香，地瓜甜，這對我們來說就是最美味的零食！

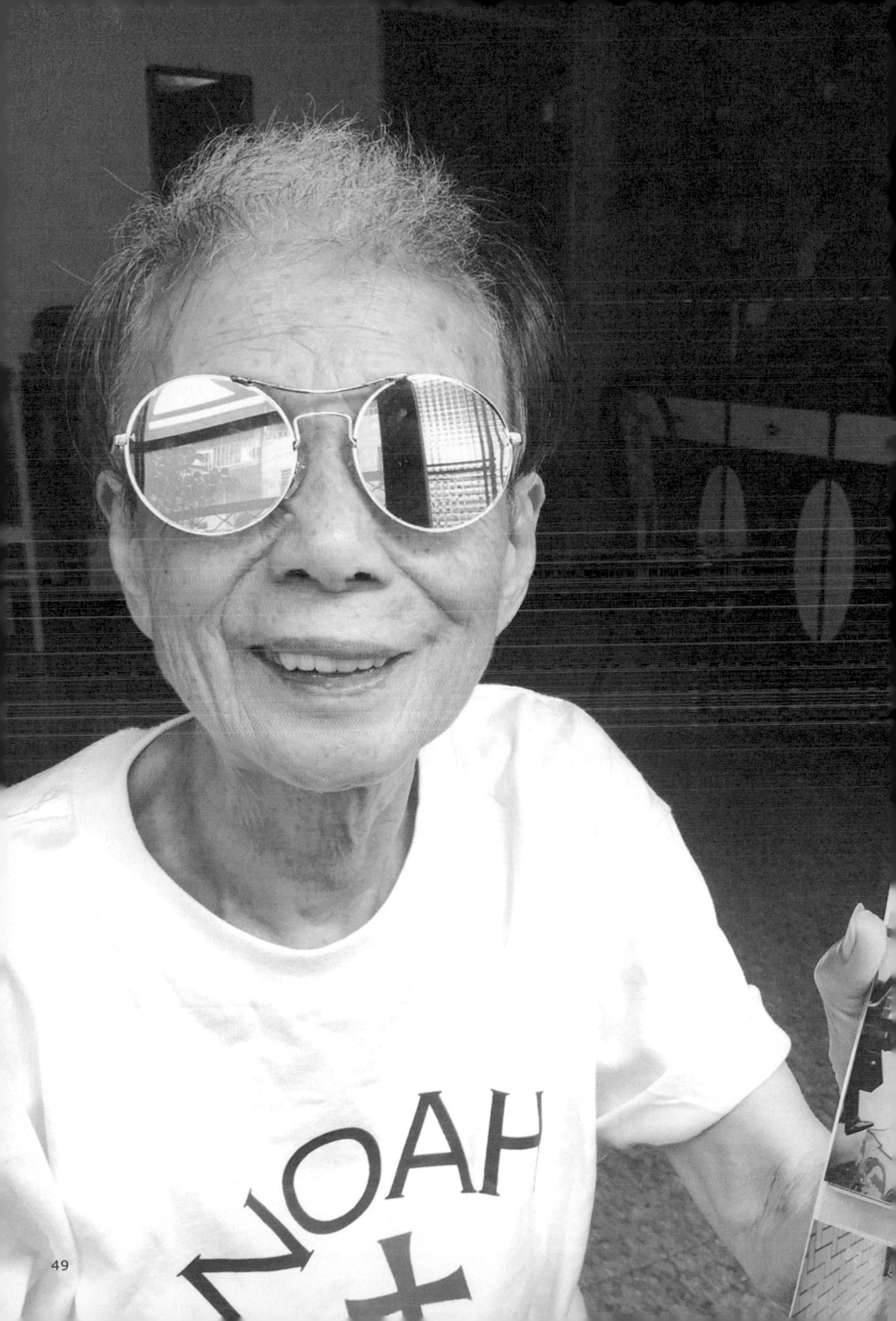
NOAH

#06

跟著阿嬤去旅行

月月活到六十幾歲，才有出國旅行的機會。還記得是兒子帶我去日本旅遊，這才坐了飛機、開了眼界。

到現在月月九十一歲了，掐指一算，我出國旅行的次數，沒超過五次呢。

旅行對月月來說，一直是很奢侈的一件事。六十歲之前，月月的旅行都是靠雙腳走出來的。

每當月月想要出門散心時，第一個念頭總是——爬山。

爬山這個活動對我有著特別的意義，當我走上山徑時，總是會想

照片提供：台灣寶士／攝影師鍾偉中（freefox Photo）

起阿嬤。

阿嬤是第一個帶我去「旅行」的人。

我們曾經一次又一次翻過山頭，一起見識過山嵐與九降風，一起沿路採擷可以入菜的植物，一起躲過暴雨。

前面我曾經說過，阿嬤不管去哪裡總是喜歡帶著我，去做工如此，去拜訪親戚也是如此。

月月曾問過阿嬤，為什麼這麼喜歡帶著我四處去呢？

阿嬤說：「因為阿月很能走路啊！」

月月家有親戚住在新竹，每當阿嬤說要去新竹城隍廟附近找親戚時，月月就開心得不得了，因為我知道，阿嬤一定會帶著我去。

儘管去新竹這一趟，路程並不輕鬆。我和阿嬤總是從竹南走去新竹城。

是的，不坐車，我們靠兩條腿旅行。

從竹南大埔走到新竹城的捷徑，是翻過一座山頭。

出門，翻過山嶺，抵達新竹城的城隍廟，需要將近三個鐘頭的時間。

月月一直都很能走，不管是七、八十歲時去台北各大市場賣菜瓜布，或是九十多歲的現在每天早上去菜市場和公園散步，能夠步履穩健，全都拜這從小練成的腳力之賜。

和阿嬤一早出發，走到新竹親戚家通常接近中午了，親戚往往會煮一桌好菜來招待阿嬤和我。

餐桌上有魚有肉，有時候還有點心，比家裡的年夜飯還要澎湃。

城隍廟附近是鬧區，有很多新奇又好玩的東西，我會和親戚的孩子們東鑽西轉四處跑。如果哪個孩子手

月月的旅行都是靠雙腳走出來的。

平家塚と
耳なし
芳一堂
おみくじ

郵〒便
POST
Fax

頭上有零用錢，就跟廟旁的攤販買些小零嘴，大夥分著吃。

只有這個時刻，月月才覺得自己是個小女孩。

但歡樂的時光總是不長久，為了不給親戚添麻煩，阿嬤堅持不留下過夜，快到傍晚時，她會對我說：

「阿月，該回家嘍。」

趕在太陽完全落下之前，我們要再次翻過山頭回家。

揹起行囊，月月跟著阿嬤穿過新竹熱鬧的街道，往回家的方向走去。

阿嬤跟月月一樣話不多，她總是默默地走在我前頭，我則默默地緊緊跟隨。

在不知道有多少人踏過的蜿蜒山路上，月月看著阿嬤的背影。

月月明白，阿嬤的肩頭扛起了家中許多粗活，搓麻線、牽罟，她比誰都能幹，比誰都堅強。

為了家人，阿嬤做了超

出她能負荷的工作。而雖然口頭不說，但月月能感受到，阿嬤心裡疼愛著我這個長孫女。

多麼希望阿嬤能陪我久一點，可是在積勞成疾下，在我十多歲時，阿嬤就去世了。

阿嬤走得太早，沒能看我穿上新娘衫出嫁，這是月月心中最大的遺憾。我想讓阿嬤看到月月穿著紅豔豔的新娘衫，抹上胭脂的我，該有多美。

和阿嬤一起爬山的美好回憶一直留在心底。當我想去爬山時，就拉著孩子或孫子陪我去，如果他們不情願，我會用好吃的零嘴當誘餌，勾引他們跟我去爬山。

阿嬤的肩頭扛起了家中許多粗活，她比誰都能幹，比誰都堅強。

「爬到山頂，就有營養口糧可以吃喔！」只要這麼一說，最愛吃營養口糧的孫子就會眼睛一亮，再不情願也會跟著我走。

看著孫子在山路上蹦蹦跳跳，此時，月月便會思念起逝世得太早太早的阿嬤，以及她的好。

東漸千海共慶安瀾
右命自天長輝化日

多麼希望阿嬤能陪我久一點。

#07

飛龍在天 迎太平

算不清戰爭到底打了多少年。日出而作，日入而息，日子默默地前進，月月已從小女孩長成少女，十多歲，已是能出嫁的年紀。

阿嬤在這個時候病倒了。

不管吃了多少草藥都無效，躺在床上的阿嬤一天比一天虛弱。阿嬤剛倒下時我還能跟她說上幾句話，可是後來，她漸漸昏迷，沒再清醒……幾天後便嚥下了最後一口氣，離開了我們。

再也不能跟阿嬤一起翻山越嶺，一起走長長的路，一起扛起牽罟的沉重魚網，一起編草笠仔……月月非常非常難過。

此時日子也最是艱苦，不管是米、鹽，還是糖，民生物資都要配給，三餐有一頓沒一頓。

阿嬤走了，去海邊牽罟的重責大任，由月月一肩扛起。過去是阿嬤帶著我去，現在則由我帶著弟弟妹妹去。弟弟妹妹們已

DC
INVERTER

「太平啦！太平日子要來了啦！」

漸漸懂事，都能為家計出一分力。如果沒去海邊牽罟，月月就和阿爸上山割麻仔。

製作麻線是阿母的主要工作，多年來一直持續做著，阿爸每隔一段時間就要上山割麻仔，儲備原料。

我的腳力早已被大人們認可，走在山路上健步如飛，帶著我上山阿爸很放心。多一個幫手，也能多割一些麻仔揹下山，阿爸就不必頻繁地往山上跑，能有多些時間去打零工。

人未必能勝天，可是只要努力耕作打拚，就能跟老天爺討些飯來吃，老百姓不至於餓死。

但戰爭，老百姓再努力也無能為力。前線需要物資、需要壯丁，後方無法拒絕供給。糧食與勞動力不斷流失，苦難看不到盡頭，這生活要怎麼捱過去？

老百姓只能日夜祈求皇軍武運昌盛，前線的親人能平安返鄉，早日迎來太平。

月月十六、七歲的某一天，我一大清早就和阿爸上山割麻仔。那時正是盛夏，晴空萬里，日頭赤炎炎，月月和阿爸在山上忙得滿身大汗，直到下午才走回大埔。

還沒到家門，就聽到鄰居們高興地大喊：

「太平啦！太平日子要來了啦！」

小妹跑得飛快，來到我身邊說：

「阿姊！剛剛天上有一條金色的龍飛過去，大家都說太平日子要來了！」

不只小妹看到，所有大埔人都說看到了一條金色飛龍在空中騰躍。

金龍現身時，月月正在山上忙著，

月月衷心祈願，戰爭的苦難不要再來。

根本沒辦法注意頭頂上的天，正有一條金光閃閃的龍奔騰而過啊！

村子裡的人都說，這是一種大吉兆。果真沒多久之後，天皇透過廣播告訴大家，日本國戰敗了。

雖然對於皇軍戰敗感到遺憾，但戰爭能結束，這個好消息比什麼都重要！

也許大家看到的金龍，是老天爺聽到了老百姓的呼求，現身告訴我們祂將迎來太平。

月月衷心祈願，戰爭的苦難不要再來。

#08

七十年前「被結婚」的少女

月月常這麼覺得，在我認識的人當中，最幸運的，就是阮頭家了。

當時竹南被徵召去打仗的壯丁，能平安返回故鄉的不多，阮頭家就是其中之一。

這還不算最幸運，他最幸運的就是娶到勤奮顧家的月月，為他生兒育女，為他做牛做馬，一直照顧他直到他走完人生。

月月和頭家不是戀愛結婚，事實上，直到迎娶那一天，月月才跟頭家見到面……連相親結婚都說不上，月月是「被結婚」。

也許你會說，月月好傻，怎麼能嫁給素未謀面，只憑媒妁之言就決定的人？七十多年前的女孩，就是這麼單純又傻，不敢有自己的意見。大人們決定的事，哪有反抗的餘地呢？

……捨不得阿爸阿母，捨不得弟妹們，捨不得離開家。

月月十八、九歲時，出落得愈來愈標致，加上做事勤奮，鄰居們對於月月都稱讚得不得了，陸續有人上門來跟阿爸阿母說媒。

當時月月有位鄰居是日本軍伕，剛從南洋戰場返鄉。

這位鄰居大哥在軍中結識了一位姓林的兄弟，年紀長我四歲。鄰居大哥覺得他的同袍人品與家世都不錯，便上門來跟阿爸阿母講親事。

以我們家的條件來說，這門親事算是「高攀」了。對方在竹南是大戶人家，家族在市場的雜貨店經營得有聲有色，如今對方願意下聘，阿爸阿母比誰都歡喜。

阿母曾對我說，查某人的命運就親像菜籽，被風吹到哪裡落土，就在哪裡落地生根，由不得自己

作主……阿爸阿母說這個年輕人條件好，月月也就接受了。也許阿爸阿母覺得這對我而言是個好親事吧，嫁過去我至少能不愁吃穿，不必再上山下海做工。阿爸阿母是希望我別再受苦。

婚事談定後，阿母請女紅做得很好的阿姨幫我縫製新娘衫。要嫁到好人家去，當然要穿得體體面面。當大紅色的嫁衣縫製好，掛在我和妹妹們的牛寮房裡時，對於出嫁，我沒有感受到確切的喜悅，只有一點期待，以及更多不捨……捨不得阿爸阿母，捨不得弟妹們，捨不得離開家。

大喜之日，林家一早從竹南鎮來迎娶月月。按照禮數，月月拜別父母，坐上花轎往林家去，這下

走下花轎，
新的「家人」來迎接我。

再也無法回頭了。

第一眼見到頭家，月月似乎沒有感覺到怦然心動，只能說是並不討厭，或說是順眼。

鄰居們都說頭家長得滿「緣投」，但月月在乎的不是長相，而是頭家是否認真踏實，是否顧家……但這些，都只能在日後相處時才能一一檢視了。

話說回來，這算是月月人生最初、也是最大的賭注吧。

從這一天起，月月冠夫姓，成為林莊月里女士。

阮頭家有三個哥哥和一個弟弟，他排行第四。長男獨自分到一棟樓房，頭家則和其他三個兄弟同住在一棟樓房裡。

走下花轎，看著新的「家人」來迎接我，月月這才真切感受到我的人生將有翻天覆地的轉變。

adidas

ALT.

#09

大家族的媳婦不好當

在苗栗這一帶，竹南是大鄉鎮之一，林家的雜貨店就開在人來人往的竹南市場裡。

雜貨店賣著米、鹽、雞蛋、麵線等等，也賣醃漬物與乾貨，例如鹹魚、魚脯、菜脯。除了生鮮，林家雜貨店提供竹南人餐桌上需要的一切。竹南市場距離火車站不遠，由於林家雜貨店的品質有口皆碑，臨近的頭份或是遠至南庄、山豬湖等地的人們都願意多花些車程來光顧。在竹南當地，算是知名商號。

嫁進做生意的大家庭，大喜之日後，月月就立刻戰戰兢兢，不敢有一點怠慢。婆婆很快地就教我林家的「規矩」。

首要任務是「煮飯」。

在林家，媳婦們要輪流煮一日三餐。

櫻桃

一個媳婦連續張羅十天的伙食，十天後再交棒給下一位。從買菜到備料到下鍋，連同在雜貨店裡打雜的囡仔工，每餐要餵飽幾十口人。

次要任務是「糊紙袋」。

紙袋是給客人裝採買物品用的。由於生意興隆，媳婦們每天都要親手糊許多紙袋備用。

這兩大任務之外，當然還有洗衣、打掃，去雜貨店幫忙招呼生意……而就算生了孩子，事情也不能少做。

當大家族的媳婦，實在不輕鬆啊！

一大早將「頭家們」送去市場做生意後，我就和其他媳婦在家裡糊紙袋。

至於大家族常見的婆媳和妯娌問題，在林家倒是還好，各房之間相安無事。也許是做事都來不及了，根本沒時間勾心鬥角？

嫁進林家後，月月才第一次穿上所謂的洋裝。

成為頭家娘，穿著自然不能太寒酸。嫁進林家後，月月才第一次穿上所謂的洋裝。

我會和其他妯娌一起去市場的布莊剪布，再送去裁縫那裡做成柔美的洋裝。

挑布料的花色，月月總不假他人之手。月月喜歡自己選花色，布莊老闆常稱讚我選得好，而妯娌們看到我挑的花布好看，後來乾脆都叫我幫她們選了。

月月從這個時候開始顯露「審美」的才華。

而裁縫也跟我說，月月個子雖然不高，但細緻的氣質與五官，加上纖細的骨架，穿上洋裝非常適

umbro

照片提供：愛買

被家庭耽誤的「天生媽抖」，在七十年後，真的拍了廣告，成為許多年輕人與熟齡者的模仿對象！

合。他說：月月很適合展示裁縫店裡的服裝。

當時的月月除了扮演好媳婦的角色，無暇顧及其他。

誰能料到，我這個**被家庭耽誤的「天生媽抖」，在七十年後，真的拍了廣告，成為許多年輕人與熟齡者的模仿對象！**

月月的眼淚

#10

嫁入林家兩年後，月月二十一歲那年，大女兒出生了。

接下來，月月陸續生了兩個兒子、三個女兒。

月月是六個孩子的母親。

在生大女兒前，月月有時候會去店裡幫忙招呼生意，盡好頭家娘的責任，生了女兒之後，婆婆要我不必再去外面拋頭露面，把家裡的事做好就好。一邊照顧孩子，另一邊煮飯和糊紙袋的工作還是要照常做，就算是從小把吃苦當吃補的月月，有時候也感到吃不消啊。

我們一家和其他兄弟共住的樓仔厝，人口一年年增加，家族的長輩開始思考分家這件事。月月三十幾歲時，林家的五兄弟正式分家了。

我的頭家分到了房產，至於雜貨店生意則是要另起爐灶。

雜貨店過去是由兄弟們一起經營，現在新的店面只有我和老公在顧，工作加倍沉重了。

月月一家子搬到一棟兩層樓的透天厝，一樓作為雜貨店，二樓是一家八口生活的地方。

每天一大早五點天沒亮，頭家和孩子們還在睡夢中，月月就會起床先把店內和店面四周打掃乾淨，再整理一下店裡的商品。

接著做早餐，把孩子都安頓好之後，就帶著店裡聘請的囡仔工，一起去距離雜貨店不遠的冷凍倉庫搬貨。從倉

到星期天，每天都要開店。

庫到雜貨店，只需要走幾分鐘的路，但是這些貨物，卻是百斤千斤重。

冷凍倉庫裡冷藏著魚脯、鹹魚和乾香菇等貨品，生意好的時候一天要搬個好幾趟。

招呼客人是頭家的工作，粗重工作則幾乎都落在月月和幾名囡仔工的身上。

搬貨等粗重工作要做，飯也要煮，每天煮的飯菜除了餵飽全家，也要讓請來的囡仔工都吃得飽飽，才有力氣上工。

而雖然飯菜都是自己煮，但月月常常忙到沒時間吃飯，有時候，一天只吃了兩餐。

到了晚上，也沒時間喘口氣，尤其是逢年過節時，往往要忙到半夜十二點多才能上床睡覺。

現在的上班族有各種假日，但做生意的人除了過年，是沒有假日的，從星期一到星期天，每天都要開店。

只要有一天沒開店，生意就會被別家搶了去呀！

照顧孩子與雜貨店生意，月月整天忙得團團轉，但我的頭家似乎過得挺逍遙。

沒做生意的時候，他喜歡到處去拜拜，在廟裡結識了不少朋友。

一到晚上，前腳一關店，他後腳就出門找朋友，把照顧孩子和家務事都丟給我。

在夜裡，月月常常一邊獨自做家

從星期一

眼淚無法帶給你任何力量，也扭轉不了任何困境。

務事，一邊掉眼淚。

之所以哭，一方面是因為實在做得太累了，另一方面則是沒有親近的朋友與家人在月月身邊，為月月解憂。

跟鄰居更是不可能說任何心裡話，任何話一說出口，在竹南這個小鎮上，不需要一天就會傳遍街頭巷尾，招來流言蜚語，反倒給自己帶來麻煩。

無處可說的辛酸，月月用眼淚來宣洩。

現在月月的眼睛前面老有蚊子飛個不停，常常流目油，可

能就是那幾年哭得太多，把眼睛哭壞了吧。

不要學當年的月月總把委屈吞到肚子裡，因為那只會換來眼淚。

而眼淚無法帶給你任何力量，也扭轉不了任何困境。

振華里資訊看板
皆是空檔

貓的報恩 #11

常跑得不見人影的頭家，終於給月月一次重擊。

當時竹南鎮上有一位風姿綽約的女人，在鎮上做美髮的她，不少鎮上男人是她的老客戶。由於懂得打扮，嘴巴又甜，有些鎮上男人跟她走得特別近，難聽的話也就傳開了。

月月沒想到，我的老公也是跟她走得近的男人之一。

一開始有鄰居跟我說：「阿月啊，你要注意一下頭家的行蹤，毋湯太放心。」

接著有鄰居跟我說：「阿月，我看到你頭家跟那個查某作伙，愛注意一下。」

甚至有鄰居跟我說：「頭家娘，我看到你頭家跟那個查某出入同一間閣樓，安呢嘸好啦！」

當時鎮上的居民繪聲繪影，他們說阮頭家跟那女人走得太近，他們說阮頭家包養那個女人……一向不過問頭家行蹤的月月，竟沒有勇氣去問個清楚，只能任由流言傳來傳去。

月月的心事無人知，得了內傷，幸好當時有一隻黑色母貓，能解我煩憂。

這隻黑貓不知何時跑來雜貨店附近，我不時會看到她站在圍牆上，或是在草叢裡鑽來鑽去，是隻神祕又美麗的黑貓。

那十幾年時間，除了孩子，黑貓是月月最忠實的夥伴。

有一天，一個不小心她掉到井裡了，月月是目擊者。月月一看情況危急，趕緊過去把木桶丟到井裡。確定黑貓攀住木桶後，再把她拉了上來。拉上來之後才發現她肚子鼓得大大的，並不是喝了水，而是懷孕了。

原來她就要當媽媽。我不只救了一條命，而是救了好幾條命啊！

從那一天之後，這隻黑貓開始回報我的救命之恩。

她努力地幫月月把雜貨店附近的老鼠都捉光光，而且一捉就是十幾年。

那段時間，月月都不用擔心老鼠會來店裡偷吃東西。

月月也會送黑貓香噴噴的小魚乾，

犒賞她的辛勞也為她進補，希望她能健健康康，能一直陪在我身邊。

這救命之恩，黑貓用她的一生來償還給月月。

頭家的不忠誠，我選擇睜一隻眼閉一隻眼。那十幾年時間，除了孩子，黑貓是月月最忠實的夥伴。

想起阿母曾對我說：查某人是菜籽命。當年的我把阿母的話牢記在心底。

如果當年的月月選擇不對頭家忍氣吞聲，而是勇敢站起來對抗他，現在是否會有截然不同的命運呢？

能肯定的是，無論月月選擇哪一條路，現在的月月，一定能過得同樣好，同樣精彩。

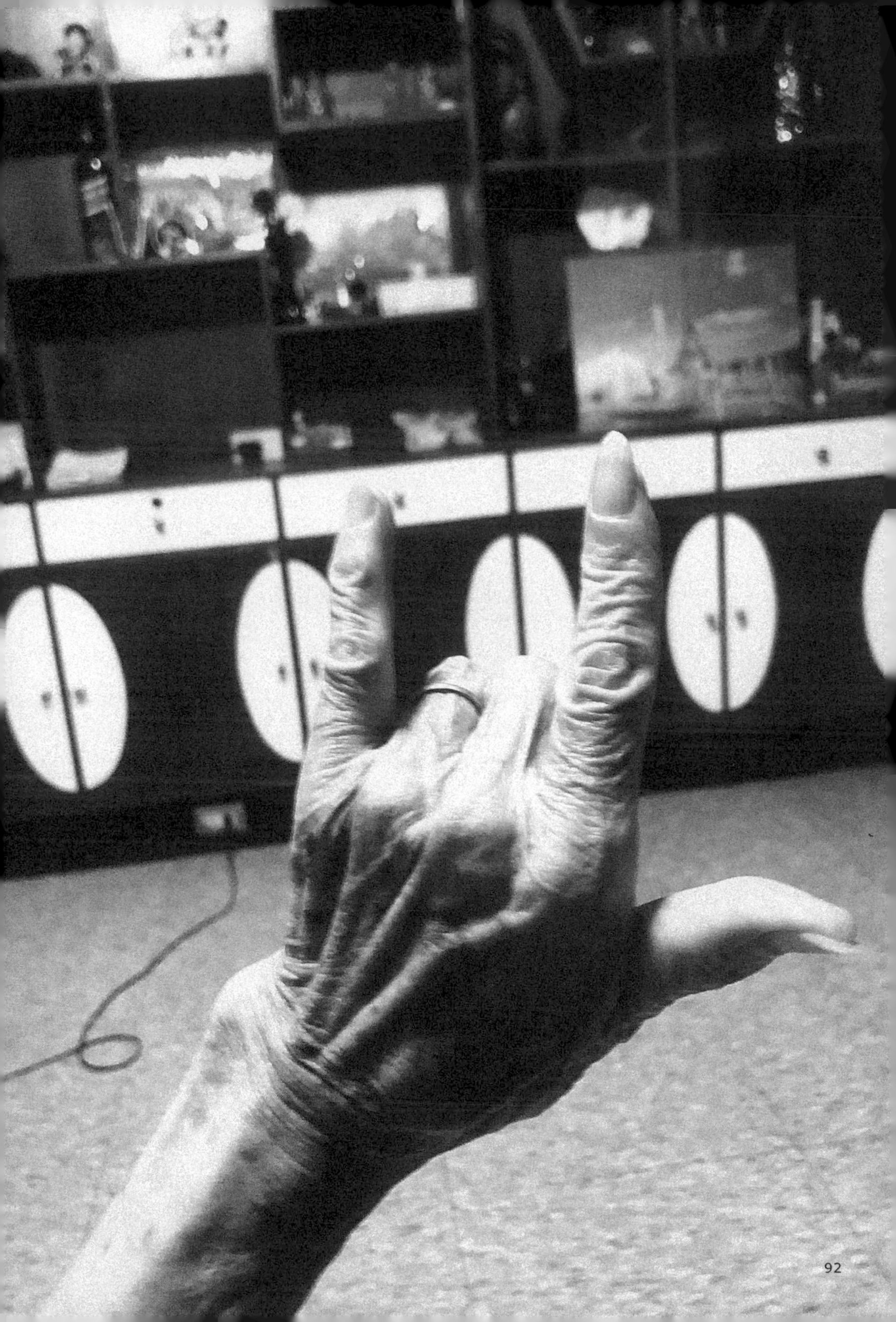

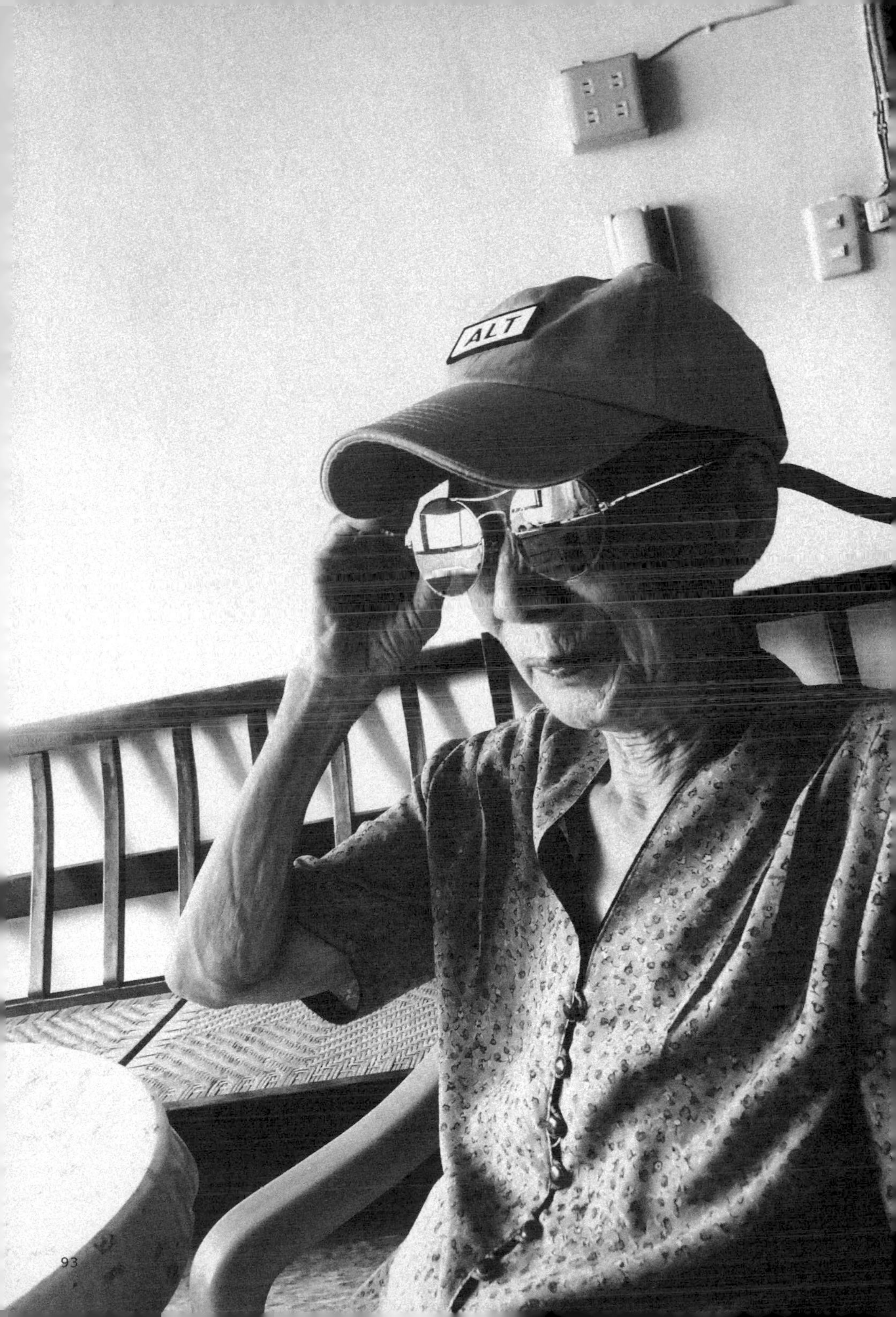
ALT

#12

好景不常在

在月月的努力下，雜貨店做得有模有樣。開店幾十年來，累積了不少資產。頭家把原本兩層樓的透天厝改建為四層樓，又去買了幾棟樓房。

家裡有個能幹老婆在照顧生意，完全無後顧之憂，阮頭家更勤於跑廟了。跑遍各大廟宇拜拜，頭家對神明祈求的是什麼呢？生意興隆？孩子有出息？國泰民安？

但千祈求萬祈求，卻沒祈求到在廟裡認識的朋友。在這些人之中，有人日後將他與月月過去的努力，在一夕間化為烏有。

這些跑廟認識的朋友，有人知道頭家有本錢，鼓吹他去投資位於南庄獅頭山的煤礦坑。

頭家完全沒跟我商量就跑去投資，投資金額多少也不說。

其實該這麼說：頭家從來不跟我商量

Supreme

「我是頭家娘，有什麼事呢？」

任何事情。

「查埔人想袂做什麼代誌，查某人嘸免出嘴。」這是傳統台灣男人的心聲。

月月最後悔的，不是沒有追問頭家，而是那一天我的一念之差，也許是導致辛辛苦苦建立起的家業，在日後崩解的主因。

那天下午，我和鄰居們聚在雜貨店門口聊天，一個看起來像是修行人的男子，走過來跟我們說話。

「請問，頭家在嗎？」

「我是頭家娘，有什麼事呢？」我說。

「我是一個吃素的人，想要借住一晚，不知道方不方便？」

那位修行人雖然看起來挺誠懇，不像是個騙子，但月月考慮到家裡人口多，怕吵到這位修行人，考慮了一會兒之後，我跟修行人說：

「師父，真不好意思，我這裡不太方便，實在沒辦法讓你住一晚。」

「沒關係沒關係，我去別處問問看。」

說完，那位修行人就離開了。

不讓修行人住一晚，其實月月並不是小氣，只是我總是會考慮很多事情。但這件事，一直放在我的心上。

沒想到過了沒多久，頭家投資的煤礦坑就出事了。

除了煤礦必須封坑之外，還得付出大筆賠償金。

在被債主追討之下，阮頭家無計可施，只好賣掉辛苦多年才買的樓房，包含雜貨店這棟四層樓的透天厝，總共籌了近千萬。

那時候是民國七十幾年，近千萬是

adidas
NOAH
adidas

好大一筆數字。開了幾十年的雜貨店，就這樣關門了。

直到現在月月還在想，是不是當時我拒絕了那位修行人，才遭到這些報應？如果我讓這位修行人留宿一晚，是不是就能化解危機？再怎麼多想也無用，如今月月已失去竹南的家，該考量的是下一步該怎麼走。

當時頭家在台北的朋友有一間公寓要賣，賠償債主後還剩下了些錢，頭家買下那間公寓。我們全家，只好從竹南搬來陌生的台北。那一年，月月五十多歲。活到這個年歲，還得要離開家

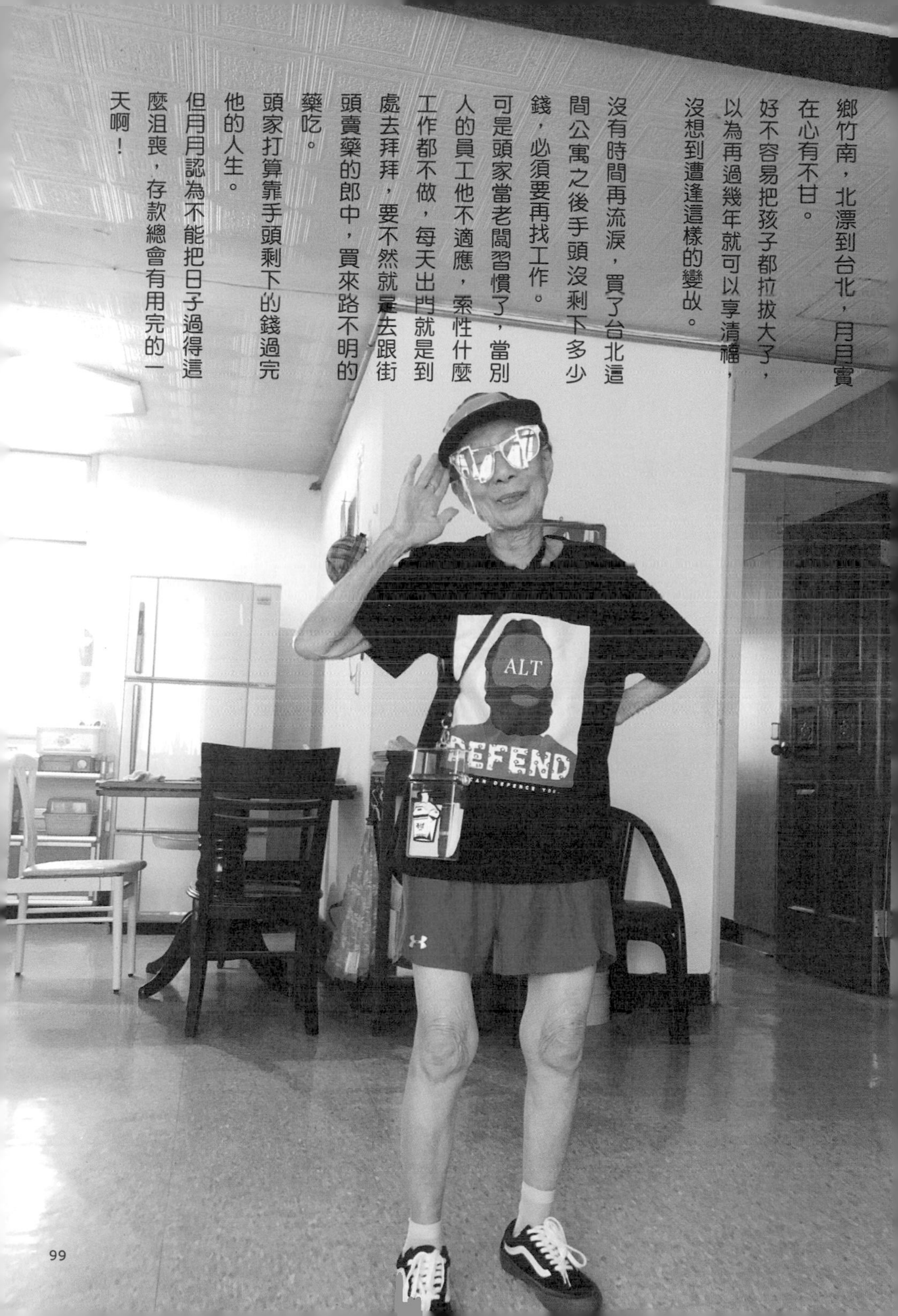

鄉竹南，北漂到台北，月月實在心有不甘。

好不容易把孩子都拉拔大了，以為再過幾年就可以享清福，沒想到遭逢這樣的變故。

沒有時間再流淚，買了台北這間公寓之後手頭沒剩下多少錢，必須要再找工作。

可是頭家當老闆習慣了，當別人的員工他不適應，索性什麼工作都不做，每天出門就是到處去拜拜，要不然就是去跟街頭賣藥的郎中，買來路不明的藥吃。

頭家打算靠手頭剩下的錢過完他的人生。

但月月認為不能把日子過得這麼沮喪，存款總會有用完的一天啊！

月月知道自己不再是頭家娘，必須遵守工廠的規定，我每天準時上工。

孩子們也有他們的生活，不能想著未來要靠他們養自己。

五十幾歲還不到退休的時候呐。月月在人生地不熟的台北，四處拜託人，四處打聽工作機會。

好不容易在一間成衣工廠找到修線頭的工作，月月知道自己不再是頭家娘，必須遵守工廠的規定，我每天準時上工，把每件成衣上的線頭修得乾乾淨淨。

在工廠賺的錢是不夠養家的，月月還會去跟工廠批一些手工製品回家做，從小幫阿母和阿嬤編草笠仔，做手工難不倒我。

不管是修線頭還是做手工，都是按件計酬，只要積少就能成多。

台北不是月月的家，但幾年下來，月月漸漸地適應了在台北的生活，跟鄰居也開始有了交情。

搬來台北之後，孩子也各自成家立業，我需要擔心的，只剩下家裡那個長不大的老小孩。

只要頭家不要再給我添煩惱，月月就謝天謝地了。

#13

我的背是孫子的搖床

我的內孫和外孫共有九個，曾孫可是有三個呢！

各自獨立成家的孩子們，幾年之後成為父母，月月也從阿母變成阿嬤，而現在的月月已經是阿祖了。

我的內孫和外孫共有九個，曾孫可是有三個呢！

月月兒孫滿堂，人家都說我有福氣。月月不需要世俗認定的福氣，月月只要看到兒女與孫子女都過得好，就心滿意足了。

二十多年前長孫一出生，忙著工作的兒子與媳婦，把孫子抱來給我帶。

月月對於養育小孩可是很有一套，帶孫子難不倒我。

每當我抱孫子去公園散步時，鄰居看到他總是稱讚：

「月月阿嬤，為什麼你的孫子這麼漂亮！」

那當然，別人的小孫子臉上常常掛著兩行鼻涕，我的小孫子可是照顧得妥妥當當，臉上都是乾乾淨淨。

可其實，我這孫子天生體弱，小時候常常生病，並不是好帶的小孩。

劍潭海外青
中華民國84年

有一段時間媳婦把孫子帶回給娘家照顧，才去一段時間，媳婦娘家那邊就說：

「哎呀！這孩子怎麼常常感冒發燒，鼻涕一直流，咳嗽咳個不停，吃藥也沒有用，到底該怎麼辦？」

二話不說，我趕緊把孫子接回來照顧。

幫孫子治療傷風感冒，月月用的是古早時代老人家的智慧。

不看醫生不吃藥，我在浴盆放滿溫熱的水之後，把孫子抱進浴盆，浸泡到全身出汗了，再抱出來擦乾身體，穿上衣服保暖。

這樣浸泡個幾次之後，感冒就會不藥而癒。月月的六個孩子也是在這樣的照顧下，平安長大成人。

照顧孫子幾年之後，他成了調皮搗蛋的小孩。

幫孫子治療傷風感冒，月月用的是古早時代老人家的智慧。

對付活蹦亂跳的男孩，月月自有一套管教方法。

比方說，看到他一邊吃飯一邊玩飯粒，我就拿木條輕打他的小手。

輕輕打他的手幾下，是想藉機告訴孫子：

米飯非常珍貴，要一粒不剩吃下肚，不是可以拿來玩的玩具！

還有一次，孫子不知從哪兒弄來小刀，玩著玩著割到了自己的手，哭到翻天覆地。

我不罵孫子，而是先幫他把傷口包紮好了之後再教訓：

「你看，玩大人說不能玩的危險東西，現在受傷了，是不是很難過？」

月月很會教孩子規矩，月月也教孩子尊重別人的重要性。

月月不管煮什麼，孫子都說好吃。

孫子不管是拿著球往公寓樓下丟，或是把球踢到祖先牌位上，都會被我抓過來告誡：

「人活在世上，除了自己還有別人，絕對不能做傷害別人的事！」

孫子一直跟我住到上小學。學生不是應該乖乖坐在教室裡上課嗎？孫子怎麼每天玩得髒兮兮回家，一直跟我喊肚子餓，到睡覺前還會跟我說：

「阿嬤阿嬤，我肚子餓，睡不著。」

這時候，我就會煎顆荷包蛋給他吃。填飽肚子之後，這才甘願上床睡覺。

此外，月月號滷肉也是孫子的最

「人活在世上，除了自己還有別人，絕對不能做傷害別人的事！」

愛。只要餐桌上有這道菜，他一定會把一大碗飯吃個精光。

知道孫子愛吃，月月有時候會利用這一點叫他陪我去市場買菜。哪個小孩願意跟老人家上市場呢？但是只要我說：「跟我去市場就有炸雞翅可以吃喔！」孫子就會二話不說，乖乖跟我走。

月月不管煮什麼，孫子都說好吃。記憶中孫子不捧月月的場，只有那麼一次。

我看他做功課做得辛苦，跑了好幾個市場才找到一個完整的豬腦，想說以形補形，給孫子補補腦。

生怕煮破了豬腦，月月小心翼翼用砂鍋慢火燉煮，再整個端上餐桌。

沒想到，看到整顆豬腦的孫子傻了眼，不敢舉起筷子，哄他吃了幾口後，孫子還是放棄了……

燉豬腦可是道絕品，不是想吃就吃得到啊。最後這豬腦，全都進到月月的肚子裡了。

孫子愛吃愛玩，也愛撒嬌。小學時他常吵著要我揹他，揹著揹著，往往把我的肩膀當枕頭，就這樣靠在我背上睡著。

後來兒子舉家搬離台北，把月月的背當搖床的孫子，在小學六年級時搬走了。

不用照顧孫子，原以為能暫時喘口氣，沒想到不久後頭家卻生病了……月月的人生，真是一刻不得閒啊。

adidas
adidas
ANARCHISM
LIBERATED THINKER
DO IT TODAY

頭家是失智症

#14

阮頭家從什麼時候開始不對勁呢？

一直到七十多歲時，頭家還是幾乎每天出門去找朋友，或是跑廟拜拜，看起來沒什麼不正常。唯一跟過去不太一樣的地方，是他對我說話愈來愈不客氣了。

頭家從不跟我報告他的行蹤，月月也懶得多問幾句，彼此之間算是相安無事過日子，可是頭家上了年紀之後，開始會對我大小聲，有時候甚至會說出很難聽、羞辱我的話。

有一次我實在氣不過，差點要動手回擊他對我的辱罵！

已經舉起手要打下去了，可是這時候理智跑出來跟我說：

月月千萬不能打啊，打下去，萬一老公受傷了，不是更麻煩嗎？

我才忍住這口氣，把手收回來。

如果當時沒忍住，真的下了手，兩個人你一拳我一拳，那真的是在演一齣很難看的戲。

讓我們真正察覺他的異樣，是有一次他說要去三重找朋友，但到了深夜卻還沒回家。

當時我覺得奇怪：我這老公雖然喜歡四處跑，但時間到了一定會回家睡覺啊。

於是我趕快打電話給兒子，兩人一起去三重找他。在三重街頭，好不容易才找到蹲坐在路旁的頭家。

他跟我們說：「我找不到回家的路。」

頭家身上明明有帶錢，叫個計程車也能回家不是嗎?!

經過這次走失事件，兒子跟我決定帶他去榮總找醫生。醫生診斷後，跟我們說：

「阿公是失智症。」

月月和兒子覺得有如青天霹靂。

那一年，阿公七十八歲。

對於病與死、福與禍，頭家向來比我更

離開這個世界的人，有老天爺在幫忙看顧。而還活在世上的我們，得要好好照顧自己。

在意，他四處拜拜、買來路不明的藥吃，就是為了能趨吉避禍，能長命百歲。月月在想，也許就是吃了太多來路不明的藥，才使他得了失智這無法醫治好的病。

在老公被診斷是得失智症之前，月月有天不小心跌倒，傷到了手臂的骨頭，手臂打上石膏，做起事來不太方便。如今，還得照顧頭家這個逐漸喪失自理能力的老小孩。剛開始沒有請看護，幫頭家把屎把尿都是我親自來。

頭家大我四歲，月月這時也七十四歲了，老人照顧老人真是力不從心。孩子們擔心我太操勞，連我的身體也給累壞了，提議把他們的阿爸送到能妥善照顧的醫療院所，月月這才放心送老伴離開家。

從十九歲起，月月照顧了頭家一甲子，每一天都是盡心盡力。

彼此雖然談不上相愛相親，但成為家人這麼久的時間，少了他在我耳邊叨念，月月

還是感覺到有些失落。

我知道頭家這一去，應該就再也不會回家了。月月已經做好準備——好好陪伴他走完人生這最後一段路。

住院一年多之後，八十歲的頭家，回天上去了。

在這個人世間，所有人都是時間到了來，時間到了去。

離開這個世界的人，有老天爺在幫忙看顧。

而還活在世上的我們，得要好好照顧自己。

月月號移動攤商　#15

NY
FUJIFILM
instax 100
FUJINON LENS 95mm 0.9m-∞

那個走幾個小時山路都不累的月月，到哪兒去了？我才不能被這種小病小痛擊倒！

頭家走了之後，月月的身體開始感覺到有些不舒服。

不知道是不是之前跌倒的後遺症，月月腰痛，腳也痛。後來竟痛到沒辦法自己走下樓，最愛的菜市場和公園也都不能去了。

月月覺得心情有些鬱悶，有時候，一早起床就坐在客廳的椅子上，看電視一整天。

活到快八十歲，月月第一次覺得沒有幹勁。心想再這樣下去可能要跟著頭家一起回老家了，但又不想看醫生拿藥吃。

對於看醫生和吃藥，月月心裡是有恐懼的。

二十多歲時，有一回感冒得挺嚴重，就去醫生館拿了藥。這藥一吃下去不得了，月月整張臉腫得像豬頭一樣，嚇得我趕緊把藥丟了。

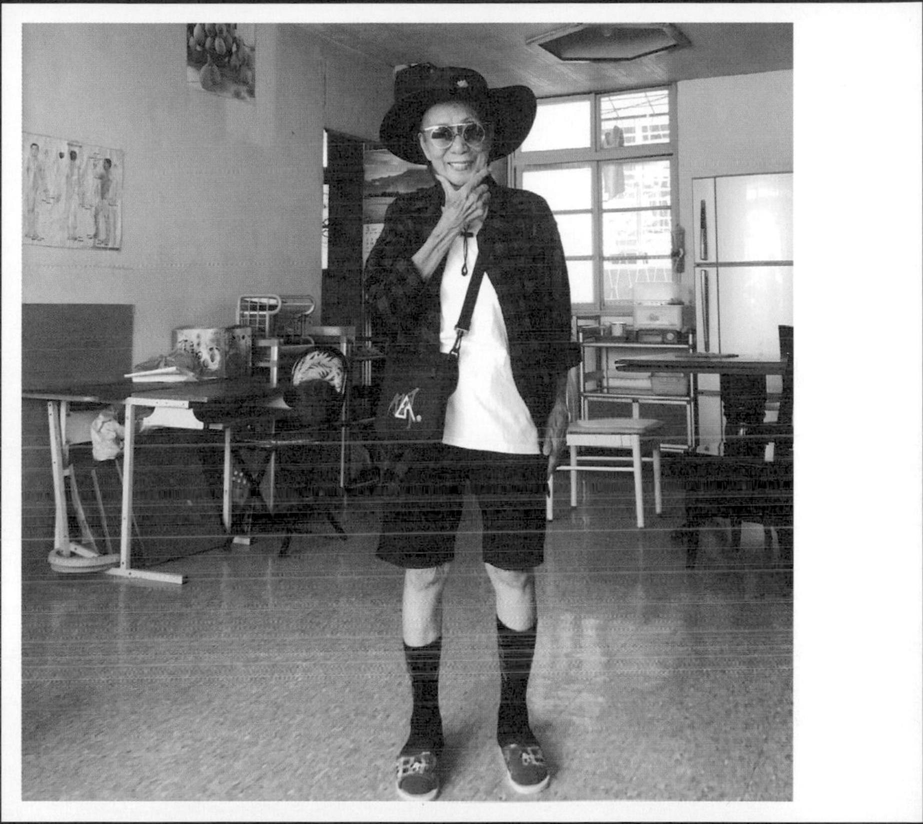

後來我才知道，這叫做藥物過敏。雖然不能怪醫生，但從此我再也不敢吃西藥。

這回腰痛腳也痛，愈拖愈走不動，月月只好求助中醫。中醫師用針灸幫我治療，一次又一次療程之後，腰和腳似乎不那麼痛了，但我整天還是有氣無力地坐在椅子上。

這就是所謂的低潮期嗎？月月必須想辦法從低潮走出來。

那個走幾個小時山路都不累的月月，到哪兒去了？

我才不能被這種小病小痛擊倒！

月月有個鄰居在做菜瓜布，菜瓜布是用棉麻織成的，可以拿來洗澡洗臉去角質，還可以用來刷碗筷、刷浴缸，是萬用菜瓜布。

月月也覺得這菜瓜布非常好用，

曾當過幾十年的雜貨店頭家娘，我對貨品推銷可是相當有自信。

當時靈機一動：我可以跟鄰居批這菜瓜布，再拿去市場賣啊！

曾當過幾十年的雜貨店頭家娘，我對貨品推銷可是相當有自信。

想好行動策略之後，我把平常用的兩輪菜籃車當成移動攤位，每天一大早出門坐公車，拖著菜籃車到台北各大市場去賣菜瓜布。

月月號移動攤商的行動範圍多大呢？從松山到萬華果菜市場，從三張犁到東湖市場，甚至遠到蘆洲的菜市場，月月都去做生意。

菜籃車加上菜瓜布重量並不輕，月月要拉著菜籃車上下公車，還要走遠遠的路，但愈做愈起勁，月月的腿腳力氣完全復活！

在市場叫賣時，月月會示範菜瓜布的用法，也喜歡和客人聊天互動。

如果現場貨不齊，月月接受顧客預訂，甚至接受電話訂貨。只要一通電話給月月，過幾天月月就送到菜市場，把菜瓜布交到顧客手上。

跟現在的電商比起來，月月號移動攤商一點也不遜色。

月月喜歡去市場做生意。做生意要跟顧客面對面接觸，久而久之，培養了一群老顧客，也能交到新朋友。

從接近八十歲做到快九十歲，這十年時間，月月的每一天都過得很充實。

「要活就要動，愈動愈快樂」，這就是月月的長壽祕訣。

16

除了要活就要動，月月的養生之道，還有與花草相伴的生活，以及節制的飲食。

月月不養寵物，閒暇時的月月喜歡種種花草。

在公寓的一樓，我把用剩的蒜頭和生薑種在盆栽裡，偶爾澆澆水，就有青蒜能採收。而生薑長出綠葉之後，迎著風會飄來薑的清香，一走近樓梯間大門，聞到這香味，心情也跟著愉快起來。

在月月住的那層公寓陽台，我種著紅竹與曇花，還曾經種過可食用蘆薈等植物。早上去菜市場前，用洗米水澆一澆它們，不太需要特別施肥，就能長得特別好。

這些花草能用來觀賞，還能入菜。

把蘆薈的葉片取下來去皮、切成段之

花草能用來觀賞，還能入菜。

ALT
adidas

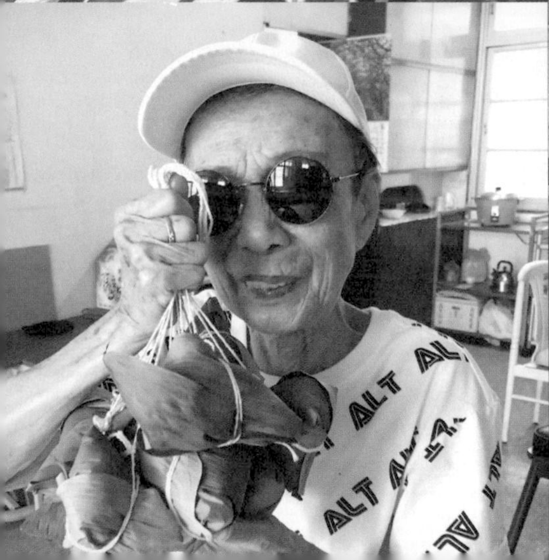
ALT

後，跟排骨一起燉成湯，吃了有清熱的效果。

而每年大約農曆四月到九月這段期間，曇花會開出嬌美的白色花朵。你們應該聽過曇花一現這個成語吧？曇花開花的時間很短暫，而且只在夜裡盛開。月月會特別在曇花的花期留意它開花了沒，因為我特別愛看曇花細長的花蕊，在我眼裡它們十分可愛。

曇花不只能觀賞，花朵凋謝之後拿來煮湯，吃了能顧胃。

看到這裡你們應該察覺了，月月對於烹飪和食補很講究。

月月不吃任何成藥，不喝茶也不喝咖啡，只喝水，偶爾會喝一小杯我用黑豆自製的養生酒。

也許你會好奇，月月牌養生酒怎麼做呢？

把黑豆炒到全熟之後，再跟當歸和青耆（生黃耆）一起浸泡到米酒頭裡，泡個半年到一年就能開喝啦！

冷冷的冬天偶爾來個一小杯黑豆酒，身子暖了之後，就能睡個好覺。

月月還會自己醃梅子，當兒孫食欲不振時，讓他們在飯前吃一顆，保證就胃口大開。

另外，月月也懂得吃當令的食材。比方說月月最愛的烏魚，從農曆九月、十月直到冬至前十天，是烏魚的產卵期，也是最肥美的時候，過了這段時期的烏魚就不好吃（為什麼？因為烏魚一旦產卵後就消瘦了）。

還有，月月不吃淡水魚，從小只吃鹹水魚，一入口就知道魚來自哪裡，味覺可與食神比美。

月月懂食補，也愛做菜。

滷腿庫，用紅蘿蔔和洋蔥做成的蔬菜天婦羅，茄子燉肉，還有肉粽等等，

月月懂食補，也愛做菜。

都是月月的手路菜。

此外，月月也有自己的創意料理，例如包剩的水餃皮可以當成麵條下鍋，加上豬肉片和青菜一起煮，就是一碗簡單好吃的麵食。

物盡其用，絕不浪費，是阿月師的最高準則。

盡量自己煮，很少外食，吃當季食材，少喝刺激性飲料……月月之所以很少生病，又一直能維持穠纖合度的媽抖身材，都拜良好的飲食習慣之賜！

#17

菜市場女王與公園好厝邊

月月每天上午的行程是這樣的：早上六、七點起床，自己做早餐。吃完早餐後用洗米水澆澆花，接著去市場買菜。

月月都是自己一個人拖著有輪子的菜籃車去市場，會挑車少人也少的路線走。由於曾經在市場賣過菜瓜布，市場裡的攤販幾乎都認得我，有時候這些老朋友會偷偷算我便宜一點嘍！

月月通常先買青菜，至於肉的話，由於不太吃豬牛雞，買魚比較多（從小就愛吃魚）。

當天蛋價便宜的話，就會去雜貨店買雞蛋。不買一整盒的那種，會一顆一顆蛋仔細挑。

如果沒別的祕密採買行程（？），雞蛋買好就差不多完成每天例行採買了。

接下來不先回家，要去公園跟長壽阿嬤約會！

老人家的友情是：只要確認彼此都健健康康，人該出現的時候，有到就好。

當我走進公園時，在公園裡閒話家常的老鄰居們總是會開我和長壽阿嬤的玩笑：

「長壽阿嬤，你的女朋友來了啦！」

長壽阿嬤一百零一歲，只要她被北投的兒子接來同住，每天早上就會在這個公園等我來。

這是不必做任何約定，彼此心意相通的約會。

從菜場走到公園大概要十分鐘，有時候我市場逛久了晚一點到公園，長壽阿嬤還會念我：「你怎麼現在才來，讓人家等……」

這種感情在你們年輕人來說，就是閨密吧（笑）。

可是我們不知道彼此的名字，見了面也沒聊什麼，大概就是早上吃了什麼之類的話題。

長壽阿嬤有兩個兒子，兒子各輪流奉養

母親幾個月。當輪到北投兒子照顧長壽阿嬤時，那幾個月我們幾乎會天天見面。長壽阿嬤每天上午的行程是這樣的：早上九點多，兒子帶她出門散步。來到公園時，先帶著她繞著公園走四圈。接著長壽阿嬤會在公園固定的雙人座位坐下，獨自等我來。將近十一點時，兒子會來公園接她回家吃午飯。

大家都知道那個雙人座位是我跟長壽阿嬤專屬的，大夥心照不宣，座位總是空在那裡等待我們到來。當長壽阿嬤一坐下，旁邊來運動的老鄰居們，便紛紛上前跟她打招呼。我一到公園，加入他們的聊天行列之後，固定班底就全員到齊了。

我們老人家的友情是：只要確認彼此都健健康康，人該出現的時候，有到就好。

如果哪一天失約了，也不需要太難過——**因為，在這個人世間，所有人都是來來去去。**

我和長壽阿嬤持續了好多年的公園約會，直到不久前，有一天長壽阿嬤說她頭痛，想躺在床上睡一下，便就此長眠不起……她沒有痛苦地回天上當仙子了。

月月很欣慰這位老友走得平靜安詳，也不覺得有任何遺憾。

她還在世時，我們珍惜相聚的每一刻，該說再見時，我也要笑著看她離開。

話說回來，其實老鄰居們會等在公園還有別的目的——他們在等我拿來幫他們在市場代買的東西。這個就是那祕密行程啦。

月月除了是時尚潮嬤，還是帶貨潮嬤！

這些公園的老鄰居們知道月月幾乎每天跑市場，去完市場會來公園，於是毫不客氣就開出代買清單。青菜、乾貨、蛋……幸好月月的腦子還記得住，很少漏買什麼。

交代我這年紀比他們大的老人家買東西，他們真的沒在客氣的。不過我也很樂意幫這些老朋友忙，大家平常嘻嘻哈哈笑著過日子，真是開心！

聊著聊著，到了月月該回家做午飯的時間。

大夥彼此道別，期待明日的太陽升起後，我們又能再次歡喜相聚。

老鄰居們會等在公園還有別的目的——他們在等我拿來幫他們在市場代買的東西。這個就是那祕密行程啦。

18

照片提供：愛買

台灣潮嬤月月登場

照片提供：RK

月月真的很不想退休啊，但如果不退休，做什麼好呢？

除了曾經有腰痛腳也痛的毛病，月月的身體硬朗，只是眼睛一天比一天差。我喜歡跟人開玩笑說：都怪我年輕的時候太愛哭，才把眼睛哭壞了。

月月有白內障，眼睛前面還有蚊子飛來飛去。八十八歲那年，家人擔心視力不好的我穿梭在台北的馬路上會有危險，強烈阻止月月號行動攤商繼續全台北菜市場跑透透，我只好歇業……

月月真的很不想退休啊，但如果不退休，做什麼好呢？

那時，看到孫子在玩FB、玩IG，好多年輕人在網路上分享他們的生活，月月覺得這個新世界很有趣，就跟孫子一起學習用網路。

一開始我也說過，透過孫子我認識了許多年輕人的潮牌，其中我最欣賞的，是

Moon Lin on streetwear, fashion & becoming an Instagram star at the age of 90

照片提供：RK

現在兒孫會交保護費給我，加上過去存了些錢，我已經有能力買潮服來穿。

Supreme 跟 ALT……現在兒孫會交保護費給我，加上過去存了些錢，我已經有能力買潮服來穿。

小時候的月月為了做工方便，總是只穿粗布衣褲。

嫁人之後為了養孩子省吃儉用，雖然偶爾能去布莊剪布做洋裝，但還是以實穿為主，不會跟著潮流買新衣。

可是月月挑的布料，花色看個幾十年也不會退流行。

就算是在菜市場隨便買件棉襖或花布衣，穿在我身上，看起來就是有質感。

拉開衣櫃，雖然好多衣服都穿了幾十年，但由於月月非常愛惜衣服，每一件都保養得很好。衣服綻了線、有一點裂開，用我從竹

「阿嬤，你怎麼穿搭得這麼恰到好處，我們都不用給意見，萬德佛！」

照片提供：RK

南帶來台北的古董縫紉機補好之後，就能再多穿好幾年。

就連晒衣服用的晒衣竿，月月也用了三十幾年。

月月惜物也惜福，對這些陪伴我這麼多年的衣物，心存感激。

看著孫子帶我去買的潮牌，我突發奇想，如果將我的舊衣服和年輕人愛穿的潮牌混搭，會有什麼效果呢？

我開始和孫子一起，跟網路上的朋友分享我的日常穿搭、日常生活，以及人生觀。

原本只是不甘願退休，想找些事情來做，沒想到迴響這麼大——

「月月的穿搭比年輕人還潮！」

「月月，你好古錐！」

還有年輕人私下留言給我，希望我能聽他的煩惱，想聽我的「老人言」，想要我針對他們的迷惘給一些提點。

月月的ＩＧ更是紅到外國去了，還有美國的媒體特地來採訪月月。

記得採訪之前，他們帶來一些衣服要給月月穿上，月月二話不說帶上樓，沒花多久時間就穿搭好走下樓。

一看到我亮麗現身，這些外國人都不禁讚嘆：

「阿嬤，你怎麼穿搭得這麼恰到好處，我們都不用給意見，萬德佛！」

他們說月月是台灣潮嬤，是台灣之光。

日本的潮牌FR2也來採訪我。

FR2派日本最炙手可熱的潮牌攝影師ＲＫ來台灣拜訪我，他們想拍月月的穿搭。

拍攝前，ＲＫ說想先看看月月的衣服，當我打開衣櫃那一瞬間，ＲＫ發出讚嘆聲：「哇～～～～！！！」

月月幾十年來的行頭在衣櫃裡排得整

不管是哪一國的人，都跟月月說：「阿嬤，你的品味很棒喔！」

整齊齊，他說月月的舊衣服，跟FR2的衣服搭起來，效果一定很出色。我們到我常去爬山的芝山巖惠濟宮外拍，登山階梯旁的紅燈籠，跟我的新舊混搭風搭配起來，果然有一種衝突的美感～～～～

不管是哪一國的人，都跟月月說：「阿嬤，你的品味很棒喔！」

他們都不知道，月月的好品味，是我的故鄉竹南給我的呢！

月月小時候，放眼看到的是綠色的山巒，是寶藍色的大海，是清透的藍天和白雲。

路邊的野花野草，各色各樣，沒有經過精心整理就很美。

照射在金黃色稻穗上的陽光，總是閃閃發亮。

在夜晚牽罟雖然很害怕，但天氣好的時候，一抬頭就能看見滿天星斗。

看著這些風景長大，月月自然懂得什麼是美。

而這些是現在的你們，很難經歷的視覺體驗。

月月活到快九十歲的時候，才知道自

照片提供：RK

當你看到一件事在眼前閃閃發亮時，不要猶豫，去做就對了！

己原來對於「美」很有想法，而且擁有「品味」這個才能，還能夠用這個才能交到好多新朋友。

現在，月月有了新事業——廣告媽抖。月月不用退休，做自己喜歡的事，每一天都過得充實又開心。

自己的才能和喜歡做的事，無論幾歲發現都不晚。

日本阿嬤西本喜美子，在七十幾歲時喜歡上攝影，玩自拍玩出知名度，在八十九歲時開攝影展。英國媽抖莎爾菲，到八十幾歲還在走伸展台。中國最帥大爺王德順，八十幾歲時還是堅持健身，走上伸展台，身材跟其他鮮肉媽抖一樣棒。

年齡是自己給自己的局限和藉口，月月想跟你說：

當你看到一件事在眼前閃閃發亮時，不要猶豫，去做就對了！

Supreme

九〇後的廣告新星

#19

月月想做的事，一件又一件從我腦袋裡蹦出來。

過去不敢做或沒辦法做的事，現在都好想做啊。

學英文、學電腦，或是——在一百歲之前去刺青！

月月把這些想做的事都放在IG上，有一天，被賓士smart的年輕人看到了。

smart找上月月，他們說要實現阿嬤的願望，開車載月月去刺青，月月當然非常樂意。

潮車配潮嬤，有什麼能比這個畫面更合拍?!

廣告團隊告訴我，廣告的主題是：敢，我說的算！

果然合拍！九十歲的月月，已經沒有什麼事不敢做。

拍廣告的前一個禮拜，廣告團隊來月月家定裝。

月月說拍攝那天我要穿得紅吱吱，戴上我最愛的耳環。為了拍攝效果，我們總共從我的衣櫃挑了四、五套衣服。

拍攝廣告當天，平時忙著工作的孫子和孫女都來幫我，我們一大早起床準備好，八點多，廣告團隊按照預定時間來接我們。

月月的全新旅程，即將展開！

拍攝地點有兩個地方，大稻埕和西門町。

導演問我：「月月阿嬤可不可以跳一段街舞呢？」

我說：「當然可以啊！」

導演的助理跳了一段給我看，我一下子就學會了，很快依樣畫葫蘆跳一遍。

也許月月連跳街舞都有天分，哪天還可以跟你們巴頭（battle）呢！

學英文、學電腦，或是——
在一百歲之前去刺青！

導演說：「月月阿嬤是天生的明星，不怕鏡頭，而且很上鏡頭。」

工作人員說：「月月阿嬤跟專業的媽抖沒兩樣，上場前就已經把自己的狀態調整到最好，正式上場時一點也不會怯場。」

拍攝前，月月當然還是有一些緊張，但很神奇的是，正式上場時就立刻能展現專業，神色自若。

這些能力都是月月過去不知道的。

由於月月的專業，廣告早上九點多開拍，拍到下午一點多就大功告成。

導演問我：「月月阿嬤可不可以跳一段街舞呢？」

照片提供：台灣賓士／攝影師翁偉中（freefox Photo）

九十歲的月月，已經沒有什麼事不敢做。

照片提供：台灣賓士／攝影師翁偉中（freefox Photo）

薈選集
租不如買
2.5 買2房
23-55

ALT
Y-3

ALT
TING YANG

照片提供：台灣賓士／攝影師翁偉中（freefox Photo）

一切按照預期順利完成，月月也得到一個新頭銜——九〇後的廣告新星！人家是一九九〇後的新秀，我則是九〇歲之後的資深新秀！

如今，月月的廣告作品不只賓士smart，還有愛買、Samsung街拍潮流廣告……對我來說，這些工作一點也不辛苦，而是有趣到作夢也在笑。

九〇後的廣告新星月月，會迎接各種挑戰，一直一直拍下去，因為——來人世間這一趟，就是來玩的！

#20

後記

今天要穿什麼衣服出門呢？月月發現，只要穿錯衣服，一整天我的氣場就會不對勁。

月月九十一歲了，雖然已不再耳聰目明，但幹勁不輸給年輕人。

觀念也不輸給年輕人。

或許月月一直是抱著前衛的想法在活著也說不定，只是這些想法過去被淹沒在家務事中，這輩子，大部分時間都在為別人忙、為別人活。

如今，也算是活出自己了吧。

月月現在每天早上起床都充滿期待。

今天要穿什麼衣服出門呢？月月發現，只要穿錯衣服，一整天我的氣場就會不對勁。

如果要跟重要的人見面，更是會站在衣櫃前東試西試，帽子、墨鏡、耳環、戒指、鞋子……全身上下都要完美搭配之後才會出門。

穿搭已經變成我的專業意識，每天花心思打扮，腦子才不會退化太快（笑）。

穿搭已經變成我的專業意識，每天花心思打扮，腦子才不會退化太快（笑）。

還記得幾年前孫子曾經跟我說：

「阿嬤，我想要創業。」

我知道這孫子想把自己的興趣發展成事業，但是他的阿爸反對。

月月覺得年輕人不應該被世俗的想法綁住，不是去做什麼「師」、或是進到大公司工作才叫有出息。

所以我跟孫子說：

「你只要不學壞就好，想做什麼就去做。創業過程中如果缺錢，可以來跟阿嬤講。阿嬤手頭的錢雖然不多，但多多少少能給你一些資助。」

也許我這段話激勵了孫子，他不顧阿爸反對去創業，到現在為止從來沒跟我拿過一毛錢，如今事業也做得愈來愈有聲有色。

如果當時孫子順著阿爸的意思，也許現在他會後悔當初的決定。

一輩子，可以活出好幾種人生，月月覺得最重要的是，不要帶著後悔過完這一生。

嘗試去做了之後，失敗也沒關係，就像月月今天穿錯了衣服覺得不舒服，只要明天把衣服穿對就好。

昨天的不舒服，今天就把它遺忘。

月月本來不想出書，我只是個平凡的阿嬤，只是順著自己的心意去接受挑戰，就像玩遊戲破關卡一樣，從征服一關又一關的過程中，體會到成就感帶來的喜悅，覺得自己不再只是個老人，還是一個有能力、有價值的人。

但是看到網路上有好多年輕人受到鼓舞，想到出書後，可以有更多年輕人被鼓勵，月月才決定去做這件有意義的事。

花了半年的時間，我回顧自己的人生，很想對自己說：

雖然辛苦了九十多年，但是月月實在活得很漂亮呀！

一輩子，可以活出好幾種人生，月月覺得最重要的是，不要帶著後悔過完這一生。

只要做了努力，就用力誇獎自己吧！

月月也希望讀了這本書的你，能試著活得更自在、更隨心所欲，只要做了努力，就用力誇獎自己吧！你的人生不需要別人的評價與定義。你的人生，你自己說了算。

【特別收錄】

月月輔導室，為你解煩憂

【月月輔導室，為你解煩憂】

1

Q：

月月仙子，我想問，如果有一天你一無所有，你會怎麼做？

MOON：

只有離開這世界的人才是一無所有，只要你還活著，你就有自由的生命，還能體驗生活的一切。無論酸甜苦辣，最後都會變成美好的回憶。

2

Q：

月月你好，我有一位跟月月一樣開朗的阿嬤，今年九十六歲了，當初在ＩＧ上無意間看到月月的照片就覺得好親切唷，也就一直追蹤到現在。我其實很沒有勇氣去追求夢想，現實和夢想，我總是選擇走向現實，所以每看一次月月的文章，心裡就被療癒一次。期待月月往後更多的po文，讓我繼續接收月月的正能量吧。

MOON：

跟你說，月月一生最後悔的事就是，被現實逼著走到了八十八歲，為了其他人的眼光、批評，做著自己不愛的事！也沒那樣愛自己，也不夠自信！直到這兩年，才開始做自己愛的事，人生走到現在才學會什麼叫做真正的快樂！是聆聽自己心裡的話！

3

Q：我跟我一個朋友吵架，但是他似乎不懂我的想法，我也說過了很多次，但是還是一樣。我要怎麼辦？

MOON：你可以去看看是不是你的溝通方式讓對方聽不懂，如果不是，那就是對方不想聽你說的，現在這個年代的年輕人應該會活到一百歲，就表示哩還有好長的日子。如果跟這個朋友有溝通問題，那就放下，去認識新的朋友吧！人生還好長，學會放下，就會看到很多新東西。

4

Q：月月阿嬤~我最近一直覺得自己愈來愈不想讀書了，自己的數學愈考愈爛，班導還每天比我們的成績，每天講出社會不讀書會怎樣！

MOON：那郭不是重點，主要是要先認識自己，找到自己喜歡的事，自己就會主動投入比上學還多的時間進去。月月八十八歲才開始認識自己，發現我好像滿喜歡當媽抖，結果現在練習擺剖絲的時間比煮飯時間還多。上學，只是讓你接觸各種環境跟領域，找到自己喜歡的，但是呆丸很多爸爸媽媽老蘇搞錯重點，不是要做班級第一名才是最棒，不用什麼都要考很好，你可以做自己最喜歡的事做到最好這樣就夠了！

5

Q：突然看到這篇限時，百般滋味，去年跟初戀分手，是我提的但是是他想分的，原因是因為他不

愛了沒感覺了，說我不是他喜歡的類型。我提的隔天我有後悔跑去找他挽留他不要，後來我們就沒有聯絡了，只有互看ＩＧ跟祝生日快樂，還在想開學要不要約他出來……

MOON：

這篇文章有六個他，四個我！一個我們！你把他放得比你自己還重要，小寶貝，你要多愛自己一點！在乎自己的感覺比在乎他還重要，這樣你才會找到一個值得你付出的人！

6

Q：

月月，我今年二十四歲晚念碩士一年。我原本不是相關科系的，但這是我想要念的所以仍然執意考試。

但最近要開學了我心情實在很低潮，我跟研究所的人不太熟。學長學弟制度以及拍學姊或是老師的馬屁文化我實在沒辦法輕易做到。

於是我想要我自己能力跟他們一樣，至少把老師交代的事情都做完了，我不跟他們打交道也好。因為我自己本身服用憂鬱症藥物多年了，有次非不得已老師也在場的聚會結束後，到隔天都沒辦法跟人講話。因為過程我不斷責笑，情緒極度低落。

並且今年過年我是在醫院度過的，突然身體不舒服就住進醫院一個禮拜，讓家人非常擔心。

除了自己身體痛苦以外，被打那些針劑，以及做檢查的時候我痛苦到浮現：我是否真的適合這行業？熬夜操勞壓力大呢？

我希望這領域的事務，但我身體跟心理好像開始出現警訊。我的指導教授是很積極的人，當初也是這樣我才選擇他。

因此我怕自己研討會或是很多比賽沒參加等於自己不積極。

我很茫然跟難過，我會努力念完。但心境跟身體還有我現實中要面對的壓力讓我愈來愈無所適從。

打了很多，祝月月新年快樂～二〇一九繼續很有元氣，支持！

MOON：

孩祖你二十四歲，才過了人生的四分之一，無論遇到什麼事，走到最後都是一件好事，想想你十年前的今天為什麼煩惱，你一定想不起來，因為時間拉長，那些都是栽植你人生的養分，想想你小時候遇到的蠢事、壞事，時間一長都是一個有趣的故事，如果還覺得不夠好，生命最有趣的事，就是每個人的時間都是一樣一天二十四小時，你可以花時間在煩惱「別人」帶給你的問題，也可以花時間在找出「自己」想要的，並且投入心力，把時間拉長，看著這世界給你的回應！

老師交代的事，那是別人要的，但如果不是你發自內心要好，那做再好，你也不會快樂！你現在應該要做的事是跟自己對話，多看看你的心裡最深處，畢竟，你，才是一直陪伴你到現在二十四歲人生最好的朋友！

Q7：

月月你好，請問如果讓你擁有現在的記憶回到三十歲的那一年，你會做什麼事嗎？

MOON：

我想是，提早不要當個家庭主婦，直接去當媽抖！我三十歲時是民國四十幾年，我想我會很

【月月輔導室，為你解煩憂】

酷！

人最後悔的不會是做過的事，往往都是當初沒去做的事！

8

Q：

月月仙子我想請教你一些問題～就是在以前我曾經為了想要未來的生活以及財務自由很努力地打拚過，但是時間久了也沒什麼成績，自己似乎也沒那個動力了，現在就是每天上班下班的日子在過，覺得自己很頹廢，總是一直責怪自己不夠努力。明明知道該利用那剩餘的八小時為以後做些努力，明明內心很焦慮著未來日子，可是卻沒有動力的方向，明明現在的生活不是我想要的……生活過得太安逸就像溫水煮青蛙一樣，明知道很可怕，卻又跳不出來……真的很難受……

MOON：

孩祖沒關係，這代人會活一百歲，這就是像賽跑，還沒看到終點前（死亡前夕），一般人都不會放鬆，會永遠覺得哪邊不夠好，會覺得時間在虛度，但其實只要活著，你就不是在虛度時間，你之所以會變成現在的你，是因為過去人生的堆積。要不要跳出去都不要緊，重要的是在人生這場遊戲裡你要保持耐心、正面思考。

路還很長，中間坐在跑道旁邊休息是沒有關係的，你的跑道只有你，別人的跑道是別人的，當你有了要跳出舒適圈的念頭就已經比以前的你更進步了，等哪一天，你或許遇到一些事就會動力十足的往前衝了！像月月可是忽略自己真正想做的事八十八年啊！

9

Q：

我是個今年三十歲的女生。不會化妝，皮膚黑，頭髮短。我的問題是，我的心長不大，沒有三十歲該有的樣子。

月月，

我真怕自己變成一個，

不像大人的四十歲，

不像大人的五十歲，

不像大人的六十歲，

我該做什麼才能從一個心靈不成熟，社會化不完全的三十歲，變成心靈成熟的人？

因為我一直逃避責任，一直被過去的陰影綑綁折騰，而且討厭自己。

我目前告訴自己，已經無法再逃避了，所以最近正痛苦地盡量直視著每天會發生的不願意面對的事。

MOON：

你知道月月的難題是什麼嗎？我已經九十一歲了，正常情況下你的人生還比我更多活五十年，我就算再勇敢也改變不了生老病死，但你還多的是時間，你可以遵循你心裡的想法去做事。

不像大人的四、五、六十歲嗎？

那月月是一個不像九十一歲的大人（笑）！

但我覺得我不是長不大，而是已經完全長大，真正的長大就是對自己負責，不會把自己的人生附加在其他人身上，我想活成怎樣我就怎樣過！唯一能管我的只有我，先不用在乎這社會的傳統，醫生再厲害也無法每秒陪在你身邊陪你走出來，更何況如果你沒有生病，生病的是

【月月輔導室，為你解煩憂】

這世界呢？
做你自己。

10

Q：

想問一個感情的問題，之前我跟一個同學的關係很好，但他跟別人好像起了一些爭執，我們倆的關係就愈來愈不好，時好時壞那種。但前陣子在忙升學的事，所以沒什麼餘力去處理這個問題，結果最後淪落到無疾而終的結局。

很多人都告訴我就放下他吧，但我覺得很難，畢竟以前這麼好，還是想要挽救這個友誼……請問阿嬤怎麼排解這個困頓……

MOON：

跟你說兩件事。

主動去破冰的人才是最勇敢的，就算破冰失敗你也獲得了勇氣，而且一輩子這麼長，你一年會認識十個新朋友，一百年就一千個，還會有好多人在未來等著你，無論結果如何，該放下就放下，期待著未來，向前走去吧。

11

Q：

月月怎麼樣才能確認自己真的喜歡一個人？

MOON：

喜歡一個人很簡單，也不重要，重要的是真的在一起以後，你們兩個是不是都會為對方著想，不是只有單方面付出，吵架的時候有沒有辦法跟對方溝通，這樣感情才走得久。

你要確認的話就直接跟對方在一起，時間會幫你確認的。

12

Q：

月月以前是很傳統的人嗎？什麼時候或是什麼事件，啟發你想這麼做自己的？一開始突破時，會不會害怕別人眼光？

MOON：

灰常傳統！以前總是為了家庭、溫ㄤ、孩子、孫子而活，自己委屈了、難過了，也沒有人知道，不斷為身邊的人付出，但忽略了自己，後來八十八歲時想到自己也活了大半輩子，如果人生是一本書，那也沒剩幾頁了，決定做一些以前不敢做的事、以前想做的事。

我喜歡出去玩、愛漂亮、拍照很有趣，那我就去做，反而才讓我知道，原來活著是這麼有趣，時間是這麼寶貴。

一開始一定會有旁邊的人碎碎念，但我就想，哇攏活了快九十歲，陪我最久的是我自己，我的家人朋友鄰居也沒陪我這麼久，我真正應該聆聽的是我自己心裡面的那個聲音。

於是就變成你們現在看到ㄟ月月阿捏了（笑）。

我可以不要做九十一歲最健康的，但我要做九十一歲最勇敢的！

13

Q：

月月我覺得你好勇敢，我還年輕我想過很多自己應該努力做點什麼，可是真的很沒有自信，覺得別人不會喜歡我，很多工作都做不好。

我有點害怕生活。

【月月輔導室，為你解煩憂】

MOON：

我也很害怕生活，害怕生命突然結束，甚至在每次拍照、拍廣告前都會緊張，想說是不是不好看。

但人生有趣的是，在事情沒有發生之前，不會有人能下定論，如果真的想知道結果跟答案，只有做了才會知道。

像我不會後悔八十八歲開始拍了什麼不好看ㄟ照片影片作品。

我唯一後悔的是沒早點開始當媽抖。

做得好當然就會開心，做不好更開心，因為下次就有進步的空間，最喘不過氣的反而是完美，找不到缺點那你下次要怎麼進步呢？

珍惜你現在的不完美、不夠好，因為它讓你看到之後的路該怎麼走。

14

Q：

月月你好，心情不好，想找你聊聊。我是一個補教英文老師，因為補教業的沒落，去年十二月有機會跟朋友去大陸發展，過年前回台，因為媽媽身體不好，加上與朋友合作沒默契，所以不再去，但是突然面臨沒有收入，也沒啥存款。

我未婚五十歲了，突然覺得過去拚命工作竟然沒有存款，心情非常低落。也許因為沒工作太急，竟然在非常衝動情況下又盤了一間補習班。

現在的我，每天面臨壓力，覺得很想解脫逃離，覺得自己怎麼這麼失敗，根本不是經營事業的料，現在無法去兼職，又無法創造補習班收益，每天低潮。

看見月月的豁達，希望能得到一些你的正能量，謝謝。

MOON：

人生痛苦的就是不斷失去，但每次失去都會伴隨著獲得。

像我們這些八十、九十歲退休ㄟ郎，獲得了好多時間跟自由，但失去的是年輕健康ㄟ身體和目標，所以很容易在家關到生病。

你現在雖然失去了好多，但同時你也獲得了一個困難的目標，怎麼把你的事業做好，沒有人天生就是做什麼東西的料，都是在那條路上跌跌撞撞摔出來。

加油！我好羨慕你，還年輕，走上自己選擇的路！既然是你選的，就別回頭走下去吧！

Q15：

美麗年輕的月月你好～

想問你，活到一個年紀後面臨離別的機會愈來愈多，想問你都怎麼做心態的調整讓自己不會那麼難過呢？

MOON：

會那麼難過，是因為遺憾，所以要趁人還在的時候避免遺憾。有些冷戰可以早點結束，有些電話你現在就能打，跟爸媽兄弟姊妹說愛，現在就能說，愈少遺憾，在離別時刻到來時，就會愈少難過。

人生有趣的是，在事情沒有發生之前，不會有人能下定論，如果真的想知道結果跟答案，只有做了才會知道。

ALT
感謝您，
又陪伴了我們
12/14
31

【月月輔導室，為你解煩憂】

16

Q：

月月我二十一歲，我休學出社會了，我現在這個工作我好不喜歡……每天處在很緊繃的狀態……想換工作卻不知道要做什麼……

但又不能沒有工作……

沒有興趣也沒有專長，總覺得這樣的我好可憐，好沒用，什麼都不會（淚）

找不到我的人生目標在哪裡，每天想到就會一直哭，很難過……

我知道我要樂觀，但是卻怎麼也樂觀不起來（悶）

月月不用回覆我沒關係，我只是想找人説心事……

每天都這樣我真的快承受不住了（大哭）

MOON：

你休學跟去新的工作都是自己選擇的路，沒有一個人的路是好走的，愈難走的路在以後會變成更有價值的故事。好走的路你不會記得，通常都是那些很苦很痛的才會讓人記一輩子。

承受壓力只是一個過程，樂觀悲觀都是一個心態，外在世界很難被自己操控，但是自己的心是掌握在自己手上，如果面對困境你都能樂觀開心，那你就先過了第一關了，因為有好多人在這邊就先放棄了。

17

Q：

請問最美麗的月月，我想請問您，當您在生活中遇到一些委屈，例如明明沒有做錯什麼事，卻被人家看不順眼，明明很努力地想要改變，但別人卻還是沒有理由的針對你，那該怎麼辦？

MOON：

不要在意其他人的眼光，沒有人能讓你不開心，除了你自己。我們那個年代做錯的其中一件事就是你們這些孩子們照著社會的規矩走、害得你們會開始懼怕他人的眼光，就連我也是直到八十八歲才開始過我自己真正的生活。只要你開始不在乎那些流言蜚語，你就會開始真正地專注聽自己內心的聲音，為自己而進步，為自己遇到的一切珍惜而開心了。

18

Q：

看到月月阿嬤最近輔導了很多人，才發現原來有這麼多人為了自己的未來苦惱。雖然月月您常說「選擇怎樣都沒有對錯」，但實際上在人生的十字路口，真的徬徨無助難以下定決心啊（哭）真的不知道選擇什麼才是最好的，選擇什麼才不會後悔……人生只有一次不能重來，所以每一刻的選擇令人不安。

月月不必回我沒關係，我只是想抒發一下焦慮的心情、也謝謝你最近的分享，讓我知道這種煩惱不孤單。愛你。

MOON：

人生就像吃早餐，每天都會在想要吃什麼，但吃了以後不喜歡，下次吃別的就好了。

好多孩子都會害怕選擇跟十字路口，月月活到九十一歲也還是會在大的選擇前面覺得緊張，但是就是有這種選擇的自由才是人類美妙的地方，而且不管選哪一條路事後人都會覺得不夠好，或是想著另一條路。但其實你現在所走的就是最好的路了，以前的你不也是這樣走過來了？

所以重要的是自己選哪一條路都無所謂，直接往前走，覺得不對就換路，再覺得後悔就換回去，沒什麼的。人生很長，一切都是過程，直到終點（死亡）你才會知道正確答案，不過那時正確答案也不重要了。

19

Q：

奶奶，我最近很喜歡一個男生，我一直丟直球給他，可是他的回應讓我很模糊。我們出去吃飯他會餵我，我們也會牽手，可是他不給我一個很明確的答案，有時候也會消失一天，我不知道該不該繼續下去。

MOON：

你可以主動直接問，不管答案是什麼都有好壞，沒有得到你想要的答案不一定是壞事，或許你會遇到更好的人。在一起你也或許會遇到熱戀期過後磨合期的問題，而不問也可以享受這個曖昧的酸甜，也有可能會面對變成陌生人的痛，但不管怎麼樣都要享受這個過程，我們都是在這個人生遊戲裡面的玩家。

20

Q：

月月，我想問你一個很簡單又很難的問題，很愛一個已經不愛你的人究竟該怎麼放下……

MOON：

你不快點讓垃圾離開你的心房，怎麼搬進去更好的人呢？

人的一輩子看起來很短，但其實真的很長，一百歲的日子裡會遇到上千個有機會交往的人，當這塊你曾經買來很愛吃的蛋糕酸掉了，你應該要做的是趕緊將它扔掉，不然後面再好的人也會因為那個蛋糕的酸味而不敢靠近，那很可惜。

21

Q：

月月你好，我是高中三年級的學生，禮拜一就要放榜公布成績了，雖然知道自己考得不好，甚至超爛，但是我覺得我自己在準備的時候已盡全力了。很怕知道爛成績的結果，我該怎麼做才好？

MOON：

面對，你的生命不只有考試，未來還有很多大大小小的事，你已經盡力，但是結果不如你所願，面對它接受它，磨練你小小的心臟，找出問題在哪裡，認真的方式有錯？或是你真的不適合讀書？

有時候不是考不好就是錯誤，這是大人給這個社會年輕人錯誤的觀念。有時候考不好或許是代表你可以不用念書了！去找一個你喜歡的事往那個領域鑽進去看看！

22

Q：

月月奶奶，有事想跟你聊聊～我發現我很會拿自己跟別人比較……像我有個好朋友跟我同歲，但她已經自己買房，因為買房一直是我的夢想，我就會覺得壓力很大，好像自己不如他那麼厲害……還有其他朋友也很會賺錢，我會很羨慕他們，也很想趕快賺錢給爸媽過好日子，但一直不知道能幹嘛……偶爾會覺得自己很沒出息，讓爸

媽還要工作。

我也知道我這心態不好，只是想找人聊聊卻不知道能找誰哈哈！

MOON：

其實沒關係的，每個時代都不一樣，不用拿上個時代的標準套在現代，像月月以前每個人認真工作賺錢就能買房子，現在不是這樣了！只要孩子孫子有認真在做自己想做的事，賺多少錢有沒有買房子都不重要！人嘛，最終還是要追求快樂，如果為了買房子讓自己不快樂，甚至為了房貸不斷加班搞壞身體那就本末倒置了。

加油！

23

Q：

月月您好，想請教月月一件事。我很喜歡配音，很想學配音，剛好有一個機會可以去逝江傳媒的播音系交換一個學期，但我現在念研究所就必須暫停一個學期。家裡經濟沒有很好，我的工作也必須暫停，我很想去但是朋友說我這樣去可能會延畢還要花錢，對我來說不值得。想請問月月的看法。謝謝您。

MOON：

如果你下個月就要離開這個世界，你會因為沒做什麼事而感到遺憾？

問自己這個問題，你就會得到答案。

24

Q：

月月，我沒有問題要跟你說！我只是想謝謝你，謝謝你這麼好這麼愛自己也願意把愛分享給大家，祝你一切都好！

MOON：

每個人多分享一點愛、一點正面、一點自己的經驗，那麼只要能幫助到一個人，讓那個人再繼續去幫助其他人，這個世界就會變得更好。

25

Q：

月月嬤你好～午安打擾了！

每次看到你這麼健康快樂就想到家裡的阿嬤，她今年九十二歲了～也是健康著只是喜歡碎碎念（笑）

畢業後兩年都在家鄉工作陪伴她，但是近期想換工作去日本兩年，又擔心她年紀大捨不得我，有什麼事我不在……

雖然我朋友說我不趁年輕老了會後悔（悶）

MOON：

去吧！每個人都應該先為自己的人生負責，不管哪條路都沒有對錯，隨著你的心去，我相信你的阿嬤也不希望你為了陪她而在你年輕該闖一闖的時候沒有出去闖，而造成遺憾！

26

Q：

月月您好，我灰熊喜歡看您分享的點點滴滴，每次看都感到滿滿的能量！最近遇到一個棘手的問題想請教您。

【月月輔導室，為你解煩憂】

我有一位九十一歲的奶奶，她除了行走不便外，身體還算硬朗。我會和她聊天鼓勵她重新嘗試以前做過的：下棋，聽音樂，摺紙垃圾袋等，但她總是說自己老了沒辦法而拒絕我。我也有跟她分享月月的例子，奶奶一樣搖搖頭說自己老了不感興趣。

我平時會和奶奶聊天，但仍希望奶奶能重新找回動力，就能使她一人與外傭在家時不那麼無聊了。月月有可行的建議嗎？

MOON：

老了以後常會覺得自己沒用，所以不想給孩子孫子負擔，就什麼也不做也不會危險，但時間久了是一種惡性循環，所以可以換個角度，要她陪你做什麼事。

比如說要她陪你畫畫，因為你想要畫畫但沒人陪，或是要她陪你去拜拜走走。換個角度，幫她重新找回價值。

*月月 IG:moonlin0106

歡迎來「月月輔導室」找我抬槓！

不管哪條路都沒有對錯，
隨著你的心去。

國家圖書館預行編目資料

媽抖——91歲的台灣第一潮嬤林莊月里 / 林莊月里著. -- 初版. -- 臺北市 : 寶瓶文化, 2019.07
面 ; 公分. -- (Vision ; 182)
ISBN 978-986-406-164-8(平裝)
1.林莊月里 2.臺灣傳記 3.自我實現

177.2 108011171

Vision 182

媽抖——91歲的台灣第一潮嬤林莊月里

作者／林莊月里
文字整理・特約編輯／蔡曉玲

發行人／張寶琴
社長兼總編輯／朱亞君
副總編輯／張純玲
資深編輯／丁慧瑋
編輯／林婕伃
美術主編／林慧雯
校對／林婕伃・陳佩伶・劉素芬・蔡曉玲
營銷部主任／林歆婕 業務專員／林裕翔 企劃專員／李祉萱
財務主任／歐素琪
出版者／寶瓶文化事業股份有限公司
地址／台北市110信義區基隆路一段180號8樓
電話／(02)27494988 傳真／(02)27495072
郵政劃撥／19446403 寶瓶文化事業股份有限公司
印刷廠／世和印製企業有限公司
總經銷／大和書報圖書股份有限公司 電話／(02)89902588
地址／新北市五股工業區五工五路2號 傳真／(02)22997900
E-mail／aquarius@udngroup.com

法律顧問／理律法律事務所陳長文律師、蔣大中律師
如有破損或裝訂錯誤，請寄回本公司更換
著作完成日期／二〇一九年五月
初版一刷日期／二〇一九年七月二十九日
初版三刷日期／二〇一九年八月二十八日
ISBN／978-986-406-164-8
定價／三五〇元

AQUARIUS 寶瓶文化事業

愛書人卡

感謝您熱心的為我們填寫，
對您的意見，我們會認真的加以參考，
希望寶瓶文化推出的每一本書，都能得到您的肯定與永遠的支持。

系列：Vision 182 書名：媽抖——91歲的台灣第一潮嬤林莊月里

1. 姓名：＿＿＿＿＿＿ 性別：□男 □女
2. 生日：＿＿年＿＿月＿＿日
3. 教育程度：□大學以上 □大學 □專科 □高中、高職 □高中職以下
4. 職業：＿＿＿＿＿＿
5. 聯絡地址：＿＿＿＿＿＿＿＿＿＿＿＿

   聯絡電話：＿＿＿＿＿＿ 手機：＿＿＿＿＿＿
6. E-mail信箱：＿＿＿＿＿＿＿＿＿＿

   □同意 □不同意 免費獲得寶瓶文化叢書訊息
7. 購買日期：＿＿ 年 ＿＿ 月 ＿＿日
8. 您得知本書的管道：□報紙／雜誌 □電視／電台 □親友介紹 □逛書店 □網路 □傳單／海報 □廣告 □其他
9. 您在哪裡買到本書：□書店，店名＿＿＿＿＿ □劃撥 □現場活動 □贈書 □網路購書，網站名稱：＿＿＿＿＿＿ □其他＿＿＿＿＿
10. 對本書的建議：（請填代號 1.滿意 2.尚可 3.再改進，請提供意見）

    內容：＿＿＿＿＿＿＿＿

    封面：＿＿＿＿＿＿＿＿

    編排：＿＿＿＿＿＿＿＿

    其他：＿＿＿＿＿＿＿＿

    綜合意見：＿＿＿＿＿＿＿＿＿＿＿＿＿＿＿＿
11. 希望我們未來出版哪一類的書籍：＿＿＿＿＿＿＿＿＿＿

讓文字與書寫的聲音大鳴大放

寶瓶文化事業股份有限公司

（請沿此虛線剪下）

廣　告　回　函
北區郵政管理局登記
證北台字15345號
免貼郵票

寶瓶文化事業股份有限公司　收

110台北市信義區基隆路一段180號8樓

8F,180 KEELUNG RD.,SEC.1,

TAIPEI.(110)TAIWAN R.O.C.

（請沿虛線對折後寄回，或傳真至02-27495072。謝謝）